A
LA CAZA
DEL LEÓN

Jorge Ramos

A
LA CAZA
DEL LEÓN

grijalbo

1ª. reimpresión: octubre de 2003

A LA CAZA DEL LEÓN

© 2001, Jorge Ramos Ávalos

D. R. © 2001, Editorial Grijalbo, S. A. de C. V.
    (Grijalbo Mondadori)
    Av. Homero 544,
    Col. Chapultepec Morales, C. P. 11570
    Miguel Hidalgo, México, D. F.

www.randomhousemondadori.com.mx

ISBN 1-4000-8447-4

IMPRESO EN MÉXICO/ *PRINTED IN MÉXICO*

*A los periodistas colombianos que han
muerto persiguiendo la noticia.*

Del tirano di todo.
¡Di más!

José Martí
Versos sencillos

Índice

SEGUNDA PARTE
Una mirada hacia adelante

Contacto en internet

Agradecimientos

Una cosa es escribir y otra que te publiquen. De adolescente escribí para un periódico del colegio que sólo salió una vez y cuyo tiraje (no mayor a 20 ejemplares) distribuimos únicamente entre amigos. Y en un atormentado diario atoré la mayoría de mis conflictos existenciales mientras dejaba la pubertad. Pero eso, en realidad, no es publicar.

A principios de los años noventa, escribí una serie de artículos tras un viaje a la antigua Unión Soviética. La transformación era extraordinaria y no tenía a quién contárselo. Así que escribí unas páginas en un arrugado block amarillo mientras venía en el avión de regreso a casa.

Con algunas correcciones le envié esos artículos a Carlos Verdecia (padre), entonces el director del diario *The Miami Herald*. Y, sorpresivamente para mí, los publicó. Desde entonces no he dejado de escribir y de publicar. Siempre estaré muy agradecido con Carlos por ese empujoncito (más bien, empujonzote) que me permitió expresarme y comunicarme con la palabra escrita.

El periodismo es trabajo de equipo. Y sin la ayuda de cientos de mis compañeros y colegas yo no saldría por televisión o en radio, ni escribiría en diarios o la internet. Pero hay ciertas relaciones de trabajo que se convierten en un lazo, en una verdadera amistad que, sabes, va a aguantar en las buenas y en las malas. Ése es el caso de Porfirio Patiño.

Porfirio es el jefe de la oficina en México de Univisión. Él me mantiene informado de lo que está pasando en mi país y me corrige (y me regaña) cuando pierdo el contacto con la noticia. Porfirio es como un médico de las noticias: les lee el pulso, las persigue, las cuida, las alimenta con sus maravillosas relaciones y nunca, nunca, se le escapan.

Que yo sepa, Porfirio nunca ha perdido una noticia importante. Por el contrario, siempre sabe lo que va a pasar un poquito antes de que ocurra. Y eso es talento. Porfirio es un periodista de talacha y de sudor. Siempre hace esa llamada extra, no se da por vencido al primero o segundo no y trabaja incansablemente hasta que cae el entrevistado, la noticia, la conexión por satélite.

Lo recuerdo siempre con un audífono en la oreja y conectado a la radio, con dos celulares colgando en el cinturón, con un *beeper,* y organizando con una voz suave pero firme el hormiguero de camarógrafos, técnicos, periodistas y chalanes de la oficina de México.

El ejemplo más claro de la perseverancia y buen ojo de Porfirio ocurrió en la última entrevista que tuve con el ex presidente mexicano Carlos Salinas de Gortari.

Quizás hubo ocasiones en que el gobierno de México no sabía dónde estaba Salinas, pero Porfirio siempre lo supo. Desde que dejó la presidencia en 1994 . "Está en Madrid..." "Está en La Habana..." "Llegó a México..." "Regresó a Dublín...", me informaba puntual.

Una cosa es buscar una entrevista y otra perseguirla durante ¡seis años! Eso es lo que hizo Porfirio con Salinas de Gortari. Nunca se desanimó. "A la próxima lo agarramos", decía. Y, claro, finalmente lo agarramos debido a la persistencia, contactos y un desarrollado sentido de la diplomacia, estilo mexicano, de Porfirio.

Gracias Porfirio por tu lealtad, tu constancia, tu buen periodismo. Pero, más que nada, me alegra el día tenerte como amigo.

Mi hermana, Lourdes Ramos, es mi crítica más dura. Es implacable. No me deja pasar una. Pero la adoro.

Siempre hemos tenido abierta una vía de comunicación, a pesar de la distancia; ella en México y yo en Estados Unidos. Ella sabe por dónde cojeo. Yo sé lo que le duele. Sabemos lo que nos hace vivir (y sufrir) con intensidad.

Además, tenemos la ventaja de estar en la misma profesión. Constantemente Lourdes es mi caja de resonancia. Cada semana, no son pocas las llamadas por teléfono o mensajes a través de la internet en que le pregunto: "¿Qué te parece este proyecto...?", o: "Acabo de escribir sobre esto. Dame tu opinión".

Y aunque en la televisión Lourdes hace malabares para mantenerse independiente, objetiva y no hacer comentarios, quienes la conocemos bien sabemos que ella tiene una opinión sobre casi todo. Nuestras peleas más fuertes son respecto a México. El México que yo dejé no es el mismo México en que ella vive. Y por más que trato de actualizarme y estar al día, los desfases cada vez son más claros.

Ella se quedó, junto a muchos más, a abrir el camino del periodismo libre y autónomo por la televisión en México. Yo me fui porque no aguanté, porque sentí que no podía esperar. Y aunque frecuentemente diferimos, sé que tengo en ella una voz honesta, que no se dobla y que está llena de cariño. Te quiero mucho, Polla.

Por último, tengo que agradecer, una vez más, a la gente con quien trabajo hace 17 años en Univisión. Todas las entrevistas que aparecen en este libro se realizaron, primero, por televisión.

Gracias a su generosidad y comprensión de mis inquietudes periodísticas, he conocido a algunos de los personajes más interesantes de nuestra América. Univisión ha sido mi pista de despegue y el faro desde donde le puedo echar, todos los días, un vistazo al mundo. Y eso no tiene precio.

Prólogo

A la caza del león
(Los periodistas y el poder)

Todos tenemos una cacería pendiente. Todos. Algunos, los menos, atrapan a su presa; otros apenas logran identificarla; la mayoría sólo la ve pasar o la deja ir. Pero quien no atrapa a su león corre el riesgo de ser devorado por él.

"Todos tenemos que cazar un león", le dijo el nobel y novelista Gabriel García Márquez al periodista Plinio Apuleyo Mendoza (para su libro *Aquellos tiempos con Gabo*). "Algunos hemos llegado a hacerlo. Pero temblando."

García Márquez atrapó y domó a su león interior escribiendo *Cien años de soledad* y *El otoño del patriarca*. El premio nobel vendría luego como postre, de trofeo. Pero lo importante es que el escritor hizo lo que tenía que hacer, es decir, escribir esa novela que lo define y que desafía al tiempo.

Los periodistas también tenemos nuestros leones que cazar. Y la caza casi siempre implica un reto al poder, un gesto de irreverencia, un acto de rebeldía.

A veces la caza del león requiere conseguir una entrevista exclusiva; otras, denunciar una injusticia a través de un reportaje o descubrir una trampa, una mentira, un complot. Generalmente el tiro mortal lo damos con una pregunta bien puesta, incómoda, directa a la contradicción.

¿Cuándo se enteró el presidente del asunto Watergate?, se preguntaron los periodistas del diario *The Washington Post* que tumbaron a Richard Nixon de la Casa Blanca. ¿De dónde salió el dinero de la campaña que llevó a Ernesto Samper a la presidencia de Colombia?, se cuestionaron los reporteros que le hicieron la vida imposible al ex mandatario colombiano. ¿Tuvo o no tuvo relaciones sexuales el ex presidente Bill Clinton con Mónica Lewinski?, querían saber los corresponsales de la Casa Blanca. ¿Quién —Gore o Bush— obtuvo más votos en Florida?, nos preguntamos todos los que cubrimos las elecciones presidenciales del 2000 en Estados Unidos.

Cuando el periodista va a la caza del león la adrenalina fluye porque en el intento se puede ir la vida, la profesión, la credibilidad, el prestigio ganado a base de disparar verdades. Las garras del león están siempre afiladas con favores, temores, amenazas, sobornos, regalos, accesos inusitados y frutas de todo tipo: chayotes espinosos, duraznos jugosos, venenosos, y uvas que se atoran en la garganta.

La cacería comienza identificando claramente al objetivo. ¿Quién es? ¿De qué se trata? ¿Vale la pena sacar al león de su guarida? Luego sigue el método. ¿Qué pregunto? ¿Cómo lo acorralo? Para terminar con la alquimia periodística. ¿Cómo transformar esta entrevista, esta investigación, esta información… en noticia?

La actitud del que se lanza a la caza del león es vital: ojos bien abiertos, oídos atentos, captando por igual las palabras y el corazón, dedos flexibles, bailarines, sobre la computadora. (¿Quién escribe, todavía, con pluma sobre papel?)

Ahora bien, ¿por qué lo hacemos?, ¿qué ganamos los periodistas en esta cacería?

La fama del que escribe se va al día siguiente con una nueva edición del periódico, en la internet desaparece en minutos, en la radio se esfuma con el aire y en la televisión, tras el impacto inicial, se pierde en un mar de opciones al alcance del control remoto. ¿Entonces?

Lo hacemos porque no podemos hacer otra cosa; porque como periodistas la persecución de la noticia nos hace sentir vivos, parados en este mundo, con esa frágil certeza de que podemos influir, aunque sea un poco, en el lugarcito donde nos tocó reportar; porque no sabemos pasar desapercibidos y queremos que otros vean lo que nosotros vimos por primera vez; porque necesitamos la atención para luego dar ese golpe que, al final, cambia las cosas; porque tenemos la obligación moral y social de ser un balance de los que detentan el poder; porque todo buen periodista tiene, en el fondo, alma de rebelde.

Puede haber, sin embargo, otras razones.

Más personales.

Íntimas.

Cuando el periodista norteamericano George Sylvester Viereck (1884-1962) entrevistó en 1930 al creador de la teoría psicoanalítica, Sigmund Freud, se llevó una sorpresa. Como era de esperarse, Freud terminó analizando al periodista y no al revés.

—Usted está dedicando gran parte de su vida a la caza del león —le dijo Freud al periodista—. Año tras año ha seguido la pista a las figuras más destacadas de su generación, hombres invariablemente más viejos que usted...

—Es parte de mi trabajo —le contestó Viereck.

—Pero también representa una elección —insistió Freud—. El gran hombre es un símbolo. Su búsqueda es la búsqueda de su corazón. Escoge a grandes hombres para ocupar el lugar del padre. Es parte de su complejo paterno.

Este diálogo entre Freud y Viereck, que recoge el libro *Las grandes entrevistas de la Historia* (El País-Aguilar, 1993), refleja fielmente una parte esencial del periodismo: perseguir a los poderosos, cazar al león. Cada periodista, por supuesto, tendrá sus razones personales por las que escogió la profesión. Viereck, por ejemplo, le negó a Freud que sus entrevistas con los poderosos fueran una forma de buscar o agradar a su padre. Pero el comentario de Freud, sin duda, caló hondo.

— o —

Uno de mis profesores universitarios me aseguraba que al escoger una profesión, una carrera, intentamos compensar nuestras debilidades, nuestras carencias. Así —argumentaba—, quien estudiaba psicología buscaba paz y orden interior mientras que los que se decidían por la comunicación intentaban saltar los puentes que los separaban de los otros.

Quizás.

Pero más allá de las razones personales por las que cada uno escoge su profesión, a nivel social los periodistas somos un balance del poder. Por eso tenemos que estar bien parados para no caernos.

¿Cuáles son nuestras armas?

La objetividad periodística requiere que contemos los dos lados de la noticia. Sí. Pero eso no significa que tratemos a ambas partes de la misma manera.

No es lo mismo entrevistar a un dictador que a una víctima de su dictadura. No es lo mismo entrevistar a un mandatario a quien se le ha subido el poder a la cabeza que a un miembro de la oposición que lo critica. No es lo mismo entrevistar a un ex presidente sospechoso de encubrir robo, asesinato, abusos y enriquecimientos inexplicables que a un ciudadano que lo perdió todo por su culpa.

Y aquí entramos a un concepto que me gusta llamar "justicia periodística". Consiste en darle a cada quien lo que le corresponde, siguiendo las simples lecciones de Aristóteles.

Como periodistas tenemos muchas maneras de darle a cada quien lo que le corresponde. Pero, fundamentalmente, es con el tipo y el tono de las preguntas que usamos durante una entrevista que le estamos diciendo al lector o al televidente la clase de personaje que estamos entrevistando.

Por ejemplo, el tono y ambiente de la entrevista que aquí presento con el ex presidente mexicano Carlos Salinas de Gortari hubiera sido muy distinto si en vez de hacerle ciertas preguntas —"¿Mandó usted matar a Colosio?", o "¿cómo puede ser multimillonario alguien que siempre ha sido funcionario público?…"— le hubiera hecho otras: "¿Cómo está la familia?" "¿Se siente orgulloso del Tratado de Libre Comercio?…"

De igual manera, en la entrevista con el presidente de Venezuela había que cuestionar su cercanía a Fidel Castro y su afán por concentrar el poder, en lugar de dejarlo hablar sin pausa sobre una supuesta revolución bolivariana que ya tiene claros tintes autoritarios.

Tengo un buen amigo que me acusa de utilizar la cámara de televisión como pistola. En realidad no sé si tomar sus comentarios como halago o como crítica. Lo que sí sé es que la principal función social del periodista es crear un balance de poder al evitar —con preguntas, con denuncias, con análisis, con reportajes...— los abusos de nuestros líderes políticos.

Como bien lo recordaba Ikram Antaki en su libro de despedida (*Manual del ciudadano moderno*, Ariel,

1993), los periodistas tenemos la obligación moral de ser el contrapoder. Y muchas veces debemos convertirnos en el antipoder, particularmente cuando hay situaciones de abuso o en el caso de sistemas autoritarios y dictatoriales.

El sitio natural del periodismo es en la oposición, siempre cuestionando, balanceando el poder o luchando contra él.

Entre los periodistas que más desprecio están aquellos que se dejan censurar, que aplican la autocensura, que reciben dinero y regalos de sus fuentes (gubernamentales, corporativas, militares...) o los que buscan congraciarse con sus entrevistados, porque lejos de ser el contrapoder sólo tienden a reforzar la posición y los abusos de líderes y gobernantes. Como periodistas no debemos —no podemos— olvidarnos nunca de nuestra responsabilidad social.

Nuestra arma principal es la pregunta. Y en las entrevistas hay que tomar la siguiente actitud: si yo no hago esta pregunta, nadie más lo va a hacer. No hay que temer nunca que el entrevistado no nos vuelva a conceder otra oportunidad para conversar. Las mejores entrevistas son las que no se pueden repetir.

— o —

Las entrevistas que van a encontrar, en la primera parte del libro, incluyen a algunos de los personajes más poderosos del hemisferio: Bush, Fox, Chávez... Pero también le clavo un ojo a los inesperados perdedores de las pasadas elecciones en Estados Unidos y México: Gore y Labastida, respectivamente. Se destaca de manera especial un fuerte intercambio que tuve con el ex presidente mexicano, Carlos Salinas de Gortari, que responde a preguntas guardadas durante seis años. Y como inspiración ante la eventual soberanía de Puerto Rico, relato mi conversación con el líder independentista Rubén Berríos en la isla de Vieques un día antes de su arresto.

Rodeando las entrevistas hay varias crónicas de viaje y detalladas descripciones de las polémicas votaciones en Estados Unidos, la llegada de la democracia a México y la ocupación norteamericana de Vieques.

La segunda parte del libro es una mirada al futuro. Estamos viviendo una verdadera revolución tecnológica. Y al igual como la imprenta transformó al mundo en el siglo XV y la televisión la segunda mitad del XX, la internet, las comunicaciones globales (a través de satélites y celulares) y los libros electrónicos están marcando nuestra entrada al tercer milenio.

Ésta, sin duda, es la parte más reflexiva de lo que ahora escribo. Veo todavía con asombro la omnipresencia de los celulares y el alcance global de la internet. En el México que dejé en los ochenta las computadoras eran cosa de ciencia ficción, los celulares ni siquiera habían sido bautizados, los televisores no tenían el cordón umbilical conectado al control remoto y la internet era una loca y secreta operación de los servicios de inteligencia de Estados Unidos.

Hoy me aterroriza la idea de que puedo ser localizado en cualquier parte del mundo. Pero, al mismo tiempo, me agrada enormemente poder *e-miliar* desde un desierto hasta altamar, y hacer mis compras presionando botones en una computadora (evitando así las multitudes de los *malls*).

Y para finalizar reconozco que la falta de tiempo es el principal mal de nuestra época. De hecho, concluyo, es el tiempo el principal lujo del siglo que comienza. Tiempo para jugar con mis hijos, tiempo para enamorarse, tiempo para ir a un restaurante con el celular apagado, tiempo para platicar con los amigos, tiempo para vivir el momento sin ansiedades ni *deadlines*, tiempo para perderse y desconectarse en unas largas vacaciones, tiempo para reírse sin cuidado, tiempo para leer un libro sin prisa...

Primera parte
Las entrevistas y los viajes

1. Carlos Salinas: cuando habla el mudo

"Llegó Salinas a México", me advirtió Porfirio Patiño, el jefe de la oficina de Univisión en la capital de la República Mexicana. "A ver si ahora sí lo agarramos".

"Órale pues, Porfirio", le dije, sin mucho entusiasmo. Desde que el ex presidente mexicano Carlos Salinas de Gortari se fue de México a principios de 1995, habíamos tratado de conseguir una entrevista exclusiva con él. Porfirio había obtenido teléfonos privados y establecido contactos muy cercanos al ex mandatario. Pero la entrevista no se había concretado.

En varias ocasiones hablé por teléfono, *off the record* (extraoficialmente), con Salinas de Gortari y en una ocasión fui a conversar con él a Dublín, en Irlanda. Pero él siempre se rehusaba a hablar en una entrevista para la televisión extranjera.

Nuestros diálogos fueron muy interesantes, intensos y polémicos; sin embargo, nunca los di a conocer. Ningún periodista que se dé a respetar puede divulgar información obtenida *off the record*. Sea de quien sea.

El periodista que lo hace viola la profesión, viola la ética y se viola a sí mismo.

El truco estaba en convencer a Salinas de Gortari de hablar pública, abiertamente, sin condiciones.

Cinco veces regresó Salinas de su exilio a México. Y cinco veces conversó con diversos medios de comunicación mexicanos. Pero insistía en su negativa a hablar con nosotros, con los periodistas de la televisión internacional. "Todavía no es el tiempo", se excusaba. "El mudo hace noticia cuando habla."

La entrevista con Salinas de Gortari se convirtió casi en una obsesión. Él se había ido a las carreras de México, dejando muchas preguntas en el aire. Y quería preguntarle lo mismo que muchos mexicanos: ¿Mandó usted matar a Colosio?, ¿cómo es posible que no supiera de los negocios y propiedades de su hermano Raúl?, ¿cómo se realizó el fraude electoral del 88?, ¿se equivocó con Zedillo?, ¿es multimillonario?, ¿de dónde salió su fortuna?...

Pero de pronto, el jueves 5 de octubre del 2000 recibí una llamada en mi oficina de Miami. Era Salinas de Gortari. "Ahora sí, vamos a platicar", me dijo. Iba a sacar su libro *México, un paso difícil a la modernidad* y estaba dispuesto a conversar una hora sin ningún tipo de limitaciones.

Quedamos de vernos en Madrid, pero luego adelantamos la cita al viernes 6 de octubre, a la una de la tarde, en la casa de sus suegros en el Pedregal de San Ángel, en la ciudad de México.

CARLOS SALINAS **31**

"Mire lo que traigo aquí", me dijo después del saludo. Era su libro. No me permitió hojearlo. "Ahorita se lo presto." Era la única copia que tenía en ese momento. Las otras, unas 30 mil, llegarían en unas horas de España.

No había cambiado mucho desde la última vez que lo vi. El mismo bigote y el mismo poco pelo. Sin canas. Traje oscuro, zapatos negros, camisa azul, corbata verde. "¿El color de Irlanda?", pregunté. "No", contestó. "El color de México." Sus ojos pequeños, agudos, clavándose como navajas, registrando cada detalle, cada movimiento. Nada se le escapaba. "Controlador como siempre", pensé.

Y de pronto desapareció en la casa.

Regresó poco antes de la entrevista para que le echara una ojeada al libro. Eran 1 400 páginas. Revisé como de rayo algunos de los capítulos que prometían polémica, pero decidí quedarme con mis preguntas.

"¿Listo?", le pregunté. "Listo", me dijo. "¿Cuál es mi cámara?" Se la apunté con un dedo y quien había estado mudo para un auditorio internacional por cinco años empezó a hablar. De reojo alcancé a ver a Porfirio. Estaba detrás de la cámara. Sonriendo.

La entrevista duró casi una hora y media y ésta es una versión editada.

El libro

Jorge Ramos: ¿Por qué el libro y por qué ahora?

Carlos Salinas: El libro responde a una exigencia de los mexicanos que a lo largo de estos años me han venido diciendo: dénos una explicación de qué pasó.

J. R.: Ha habido muchas críticas.

C. S.: Yo creo que ha habido más que eso... Lo que aquí ha existido ha sido también una campaña de desinformación deliberadamente promovida desde el gobierno del presidente Zedillo.

Zedillo y la crisis económica

J. R.: ¿El presidente Zedillo estuvo involucrado en una campaña para desprestigiarlo a usted?

C. S.: Bueno, usted me dirá: "Oiga, ¿y dónde está la orden que firmó?" Lo que hay aquí es una acción concertada del Estado mexicano para hacerle ver a todos aquellos que padecieron los terribles efectos de la crisis económica en 1995 que esa crisis se derivaba de errores que había cometido mi gobierno.

J. R.: ¿Cuáles fueron las causas [de la crisis económica de diciembre del 94]?

C. S.: Mire, hay una fundamental, está documentada y consiste en que entre el 19 y el 21 de diciembre de 1994 el gobierno del doctor Zedillo entregó información confidencial a un pequeño grupo de empresarios mexicanos de que una devaluación podía ocurrir.

J. R.: ¿Y eso generó una enorme fuga de divisas?

C. S.: Una fuga de divisas de una dimensión tal que agotó en pocas horas la totalidad de las reservas internacionales del país.

J. R.: ¿Lo que me quiere decir, en palabras más sencillas, es que el llamado error de diciembre fue culpa del gobierno del presidente Ernesto Zedillo y no culpa de lo que usted dejó?

C. S.: Mire, no se trata aquí de eludir responsabilidades que yo he reconocido, pero sí estoy diciendo con toda claridad que la responsabilidad del cataclismo económico del 95 sí es de la administración del presidente Zedillo.

J. R.: Muchos mexicanos sienten que usted nos engañó, que nos prometió un México que iba a entrar al primer mundo, nos prometió un México en donde no iba a haber corrupción ni abusos. Y lo que encontramos, después de que usted se fue, fue una terrible crisis económica. Luego nos enteramos que su hermano Raúl fue acusado de corrupción y asesinato, de tener empresas que la gente ni siquiera se imaginaba. Es decir, que usted nos mintió durante seis años.

C. S.: Qué bueno que utiliza usted esa palabra porque efectivamente muchos mexicanos se sienten engañados.

J. R.: Por usted, personalmente.

C. S.: Sin duda, claro que sí.

J. R.: Ni siquiera puede salir a la calle ahora.

C. S.: Cómo voy a salir a la calle si durante seis años el gobierno del doctor Zedillo le ha dicho a los mexicanos: "Miren, tú que perdiste tu casa, fue por culpa del señor Salinas; tú que perdiste tu empleo fue por culpa de lo que Salinas dejó". Y toda esta campaña de desinformación fue generada [por Zedillo] para encubrir su responsabilidad en la generación de la crisis.

Raúl, el hermano incómodo

J. R.: Vamos a hablar de Raúl Salinas de Gortari. Hay muchos mexicanos que le reprochan que usted no se

haya enterado que su hermano era multimillonario.
La Procuraduría General de la República habla de
que Raúl tenía 123 propiedades: 37 en el extranjero y
86 en México. ¿Cómo es posible que no se haya ente-
rado de esto, señor Salinas?

C. S.: Hay comportamientos de mi hermano que fueron indebidos, sin lugar a dudas, como el usar documentación falsa. Y eso me ha provocado un gran pesar
y también un firme rechazo. Pero al mismo tiempo, de
esas actividades privadas es donde él [Raúl] ha seña-
lado que derivó los recursos que tiene.

J. R.: ¿Son ciertas esas 123 propiedades?

C. S.: Hasta donde se sabe, en el juicio que ya ha dura-
do más de cinco años, no lo han acreditado. Y por lo
que se refiere a los fondos que mi hermano tiene en el
exterior, en México no le han hecho ninguna acusación.

J. R.: ¿Pero cómo es posible que no supiera que Raúl
tenía ranchos, apartamentos, terrenos, que viajaba de
un país a otro, de una ciudad a otra? Es inverosímil
que no sepa.

C. S.: Usted insiste que yo debería saber de mi hermano. Mire Jorge, yo procuré ser un presidente bien informado. Bien informado sobre las cuestiones fundamentales

del país y no las cuestiones particulares de un familiar. No las consideraba esenciales en la tarea de gobernar. Ahora me doy cuenta que debí haberle puesto más atención. Pero yo le digo una cosa: usted puede preguntarle hoy a cualquier jefe de Estado en el mundo si sabe exactamente qué están haciendo sus familiares. Pregúntele al doctor Zedillo si sabe lo que hace su hermano.

J. R.: La policía suiza concluyó, después de tres años de investigaciones, que Raúl usó su influencia para proteger al narcotráfico, que pudo haber recibido hasta 500 millones de dólares en sobornos y que parte del dinero de los narcos lo puso en su campaña. ¿Sabía usted esto? Es un reporte de 369 páginas de la policía suiza.

C. S.: Así es. Es un reporte que está basado en los testimonios de testigos protegidos, delincuentes que dicen que oyeron. Además, tan poca confianza tuvieron las autoridades que elaboraron ese reporte que no lo utilizaron para hacer una acusación formal. Porque, como usted sabe, esos fondos que están depositados fuera, decidieron decomisarlos sin acusación formal. No voy a debatir los términos de esa acusación.

J. R.: Pero la acusación es que su hermano estuvo involucrado con el narcotráfico. Eso es muy grave, ¿no?

C. S.: Quiero decirle que hoy por hoy no hay ninguna evidencia directa que pruebe eso. Para mí, esa afirmación es totalmente falsa.

J. R.: [Usted] habla de comportamientos indebidos de Raúl. ¿Qué comportamientos?

C. S.: Comportamientos indebidos, como mencioné hace un momento, de utilizar documentación falsa. Comportamiento de realizar actividades que, si bien podían ser en el marco de la ley, creo que un familiar de un presidente debe guardar un comportamiento mucho más recatado. Ésa es mi convicción. Repito. No está prohibido por la ley pero creo que así debe de ser.

J. R.: Era el hermano incómodo, sin la menor duda.

C. S.: Ese apelativo se lo dieron una semana antes de terminar mi gobierno. Pero déjeme decirle una cosa muy claramente: ninguna decisión que yo tomé, o que alguno de mis colaboradores principales tomaron, tuvo ninguna relación con los fondos de empresarios que Raúl depositó en cuentas extranjeras.

Un secretario muy particular

J. R.: Usted dice que no sabía lo que hacía Raúl. Supongamos que aceptamos su palabra. Pero qué pasaba con

otros colaboradores. Qué pasa con Justo Ceja, su se-
cretario particular que, de acuerdo con la Secretaría
de la Contraloría, entre el 89 y el 94 depositó en sus
cuentas seis millones 800 mil dólares. ¿Cuánto gana-
ba este funcionario público que, de pronto, se con-
vierte en multimillonario?

C. S.: Mire usted, a mí me gustaría que ese tipo de acusaciones pudieran revisarse en un sistema donde prive
el estado de derecho. Pero esas acusaciones se hicieron en el marco de esta campaña para encubrir la responsabilidad del gobierno en la quiebra de las familias
mexicanas.

J. R.: Pero la acusación viene de la Secretaría de la
Contraloría.

C. S.: Sí, la Secretaría de la Contraloría que depende
del doctor Zedillo.

J. R.: ¿Cómo es posible que su secretario particular,
señor Salinas, acabara con casi siete millones de dó-
lares después de su sexenio?

C. S.: Usted lo repite con un énfasis para que el auditorio lo escuche y lo entiendo.

J. R.: Es que son casi siete millones de dólares. ¿Cuán-
to ganaba Justo Ceja?

C. S.: No, pero permítame, es una acusación que no ha sido probada.

El asesinato de Ruiz Massieu

J. R.: Su hermano Raúl está en la cárcel acusado de asesinato. María Bernal, la ex amante de su hermano Raúl, comenta recientemente en un libro que él le dijo a ella que se quería deshacer de José Francisco Ruiz Massieu. Y poco después Ruiz Massieu fue asesinado. Estas acusaciones ¿le preocupan a usted?

C. S.: Mire usted, a mí me parece que ese tipo de señalamientos deben dirimirse en una corte de derecho. Lo único que yo sé es que mi hermano en este caso y en esta acusación precisa fue objeto de una persecución en la cual se dio el soborno al testigo con medio millón de dólares, la siembra de una osamenta, el recurso a la bruja y vidente, y utilizar testimonios de oídas. Y en base a eso [sic], el juez que sentenció a mi hermano expresó en la sentencia que no hay motivo que explique la acusación que se le hace al ingeniero. No hay tampoco acusación directa, dijo el juez. El testigo que le hace la imputación es de oídas, se le hizo un pago de medio millón de dólares, tiende a mentir y es drogadicto. Y dijo el juez: "Le creo", y condenó [a Raúl] a 50 años. Así que de veras estoy esperando a que se recuperen en México condiciones mínimas en un estado de derecho para que sepamos realmente cuál es la verdad y no las fabricaciones que se han hecho.

J. R.: ¿Usted cree, entonces, que su hermano Raúl es inocente de los cargos de asesinato?

C. S.: Lo creí desde el momento que lo detuvieron y después de ver este espectáculo circense que fue el proceso de acusación, hoy estoy todavía más convencido de su inocencia en esa acusación.

¿Quién mató a Colosio?

J. R.: Daniel Aguilar Treviño, el asesino confeso de José Francisco Ruiz Massieu, dijo en enero de 1999 que los asesinatos de Ruiz Massieu y Luis Donaldo Colosio se fraguaron en Los Pinos.

C. S.: ¿Quiere que le haga un comentario sobre la declaración de un asesino confeso que mi gobierno detuvo, encarceló y sometió a juicio y que, además, ha sido sentenciado por el crimen que cometió? Él ha expresado diferentes opiniones a lo largo del tiempo. Mire, Jorge, lo único que le diría de un comentario de una gente con nulo prestigio como éste es que habría que pensar si no es una más de las piezas en las fabricaciones que se han hecho en estos años.

J. R.: Es que lo están acusando a usted de haber participado en los dos asesinatos más importantes de la época moderna en México.

C. S.: Yo estoy convencido que ha sido montado todo este aparato de fabricaciones precisamente para ocultar responsabilidades que son esenciales para la vida diaria de los mexicanos. Y usted dirá por qué regreso yo a este tema de la crisis de 1995. Porque en el cambio de dirección que tuvo el gobierno del doctor Zedillo está precisamente el encubrimiento de la responsabilidad en esa crisis mayúscula. Recuerde usted, Jorge, que ese año la producción en México tuvo la caída más grande en medio siglo, que hoy en el año 2000 apenas se están recuperando los niveles de empleo, de inflación, de crédito, que yo dejé al final de mi administración. De ese tamaño es la crisis.

J. R.: Déjeme preguntárselo directamente. ¿Mandó usted matar a Colosio?

C. S.: Luis Donaldo Colosio era mi amigo entrañable. Luis Donaldo Colosio y yo teníamos una relación de 15 años durante la cual desarrollamos una afinidad política y una cercanía fundamental. Quienes afirman que Donaldo Colosio y yo tuvimos una diferencia, no conocen los diálogos intensos, la relación directa y el trabajo político común que tuvimos a lo largo de 15 años.

J. R.: Pero es que había tensiones. Por ejemplo, el 6 de marzo de 1994, Colosio pronunció un discurso en que se distancia de usted. Ernesto Zedillo, entonces coordinador de la campaña, escribió una carta a Colosio hablando de las tensiones que existían con usted. ¿No es ésta una línea de investigación? O sea, ¿la gente no tendría razón en sospechar que usted tuvo algo que ver en el asesinato de Colosio?

C. S.: Mire usted. Si la gente supiera que, después de la familia, quien más afectado resultó por la muerte de Luis Donaldo Colosio fui yo, entonces tendrían una perspectiva diferente. Pero ¿qué les han dicho? Que en el discurso del 6 de marzo hubo un distanciamiento. ¿Y por qué no revisan en las hemerotecas qué se dijo al día siguiente de ese discurso?

J. R.: Aquí tengo el discurso. Colosio dijo: "Es la hora de cerrarle el paso al influyentismo, a la corrupción y a la impunidad". Muchos creen que es una crítica directa a usted.

C. S.: Yo más bien lo veo como una posición muy firme que iba contra actividades que durante mi gobierno eran combatidas. Y, además, al día siguiente de ese discurso, en la revista *Proceso*, Luis Donaldo Colosio publicó una entrevista donde dijo: "Sí quiero cambios, pero dentro del programa que llevamos en la administración del presidente Salinas". ¿Qué le parece?

J. R.: Quiero volver a preguntar: ¿Usted no tuvo nada que ver con el asesinato de Colosio?

C. S.: Yo fui de los que más perdieron con la muerte de Colosio.

La traición

J. R.: Tras el asesinato de Colosio, usted escoge a Ernesto Zedillo para reemplazarlo. ¿Se equivocó con Zedillo?

C. S.: Yo estoy convencido que en las circunstancias en que se dio la selección del relevo de Luis Donaldo Colosio, el más indicado era el doctor Zedillo.

J. R.: Pero Zedillo, finalmente, ¿lo traicionó a usted?

C. S.: Yo diría que el doctor Zedillo dejó de lado la plataforma y el ideario con el cual alcanzó la victoria en la elección presidencial de 1994. Ésa sí es una traición. No son cosas personales… Lo que yo afirmo en el libro es que la plataforma que yo sostuve, que Colosio abanderó y que Zedillo ratificó para alcanzar la victoria en la elección de 1994, la dejó de lado. Ésa es la traición a la que yo me refiero.

J. R.: Y la traición a la que yo me refiero es si [Zedillo] lo traicionó al encarcelar a su hermano. Muchos pien-

san que Raúl está [físicamente] en la cárcel, pero que
es usted, mentalmente, quien está en la cárcel.

C. S.: Mire, ésa es una situación en lo personal y en lo
familiar muy dura. Usted ha de comprender lo que ha
significado estos años toda esta clase de acusaciones
fabricadas que se han promovido intensamente en los
medios masivos, en la prensa, en los comentarios.

La transición

J. R.: ¿Usted sabía que Zedillo iba a ser removido de
la campaña de Colosio?

C. S.: No, no lo sabía. Lo supe después.

J. R.: ¿Quién se lo dijo?

C. S.: La viuda de Luis Donaldo Colosio.

J. R.: ¿Diana Laura tampoco quería que Zedillo fuera
el candidato [presidencial tras la muerte de Colosio]?

C. S.: Ella dijo que no entendía por qué se había pos-
tulado al doctor Zedillo si Luis Donaldo pensaba re-
moverlo.

J. R.: Usted escogió a Zedillo, ¿no?

C. S.: Yo jugué un papel fundamental para que el doctor Zedillo fuera el candidato del PRI a la presidencia de la república. Sí, y también un papel fundamental para que Luis Donaldo Colosio fuera el candidato del PRI a la presidencia de la república.

J. R.: Dos veces usted, personalmente, escogió a quien sería...

C. S.: Dos veces jugué un papel esencial para que el PRI postulara como candidatos a la presidencia de la república a Donaldo Colosio y a Ernesto Zedillo.

La reunión de marzo del 95 y la mentira de Zedillo

J. R.: ¿Qué discutieron usted y Zedillo en una reunión que supuestamente se realizó en la ciudad de México en marzo del 95 y que precedió a su partida al extranjero?

C. S.: No supuestamente. Sucedió.

J. R.: ¿Sí hubo reunión?

C. S.: Por supuesto que la hubo.

J. R.: ¿En marzo del 95?

C. S.: Sí, señor.

J. R.: ¿Por qué el presidente Zedillo me dijo en una entrevista que la última vez que lo vio a usted fue el 1o. de diciembre del 94?

C. S.: Pues me apena mucho decir que eso no es cierto. El doctor Zedillo y yo nos reunimos la noche del viernes 3 de marzo de 1995 en la casa de don Arsenio Farell en Tecamachalco, al norte de la ciudad de México. Y durante dos horas conversamos sobre aspectos que eran esenciales que pudiéramos precisar.

J. R.: ¿A qué hora fue la reunión?

C. S.: Si mal no recuerdo fue después de las ocho de la noche.

J. R.: ¿Hubo testigos, hubo otras personas presentes?

C. S.: Bueno, quienes acompañaron al doctor Zedillo al llegar y quienes me acompañaron a mí.

J. R.: ¿Le ofreció Zedillo inmunidad a cambio de que pudiera salir del país?

C. S.: No me podía ofrecer lo que nunca le pedí. Y quiero decirle que yo salí de México por mi propia voluntad. Y si lo hice fue porque en ese momento se me quería presentar como el responsable de toda la inestabilidad económica y política que estaba sucediendo en el país. Tomé la decisión de ausentarme para no ser un factor que fuera utilizado como pretexto para no resolver los problemas que tenían.

J. R.: ¿Qué negociaron en esa reunión?

C. S.: Negociar nada. Dialogamos sí. ¿Por qué? Porque acababa yo de iniciar una huelga de hambre —que ha sido bastante distorsionada en los medios de comunicación— y la cual decidí realizar porque... lo que estaban preparando era una acusación formal en mi contra en el caso de Luis Donaldo Colosio. A ese grado.

J. R.: ¿O sea que el gobierno de Zedillo estaba a punto de acusarlo a usted por el asesinato de Colosio?

C. S.: Eso se me dijo a mí.

J. R.: ¿Se habló de esto en la reunión de marzo?

C. S.: ¡Por supuesto! Claro que se habló. Ése es uno de los temas centrales por los cuales hablamos.

J. R.: ¿Pero mintió Zedillo?

C. S.: Un jefe de Estado, en mi opinión, no debe mentir.

J. R.: ¿Y Zedillo mintió?

C. S.: Pues si a usted le dijo que no hubo una reunión, sí mintió.

De funcionario público a ¿multimillonario?

J. R.: Señor Salinas, ¿usted siempre ha sido funcionario público?

C. S.: Toda mi vida. Sí.

J. R.: Sin embargo, la percepción es que usted es multimillonario. ¿Cómo puede un funcionario público ser multimillonario y vivir cinco años en Europa sin tener que trabajar?

C. S.: En primer lugar, seguí trabajando después de terminar la responsabilidad de la presidencia de la república. Usted sabe que fui miembro del consejo de una empresa muy importante como es Dow Jones. Además, durante el ejercicio de mi responsabilidad formé mi patrimonio.

J. R.: Pero usted entiende. Usted siempre ha sido funcionario público. Los salarios de los funcionarios públicos son muy bajos y usted es multimillonario.

C. S.: Quiero decirle una cosa, Jorge. Mi vida en el extranjero durante estos años fue en una casa rentada, viajaba yo en los medios comerciales normales y tenía una vida discreta. Sí, formé un patrimonio a lo largo de mi vida y el trabajo que he seguido desarrollando me permitió sostener la vida que he llevado fuera.

J. R.: Pero, entonces ¿usted no es multimillonario?

C. S.: Usted lo que quiere que le diga es...

J. R.: Si tiene más de un millón de dólares o si tiene [más] de 100 millones de dólares.

C. S.: Formé el patrimonio que me ha permitido tener una vida con mi familia, como le repito, en el exterior, en la casa que he rentado y he utilizado medios comerciales de movimiento.

Los inmigrantes y el TLC

J. R.: ¿Al Tratado de Libre Comercio no le faltó un tratado migratorio que evitara que en estos momentos hubiera seis millones de inmigrantes indocumentados en Estados Unidos? ¿Por qué no se atrevieron a negociar con Estados Unidos el tema de la migración [de mexicanos]?

C. S.: Se lo explico. Me dijo el presidente George Bush: "Mire, presidente Salinas, promover un Tratado de Libre Comercio con una nación en desarrollo va a ser muy difícil ante el Congreso norteamericano. Si le agregamos el tema migratorio va a ser imposible". Y entonces me dijo: "Hablemos de petróleo". Yo le respondí: "Mire, presidente Bush, promover un nuevo tipo de relación con Estados Unidos ante el pueblo mexicano y ante el Senado va a ser muy difícil. Y si incluimos el petróleo va a ser imposible". Pues no hubo inmigración y tampoco hubo petróleo.

J. R.: Es la primera vez que se acepta públicamente que hubo un acuerdo para no tocar ni el petróleo ni la inmigración.

C. S.: Más que un acuerdo, estábamos dialogando sobre los temas fundamentales que iba a contener el tratado. Y reconocimos que si empujábamos [el tema de la] migración en ese momento, no habría tratado.

El fraude del 88

J. R.: ¿Podemos ya decir que en 1988 un fraude electoral lo llevó a la presidencia? ¿Hubo fraude o no hubo fraude?

C. S.: Por supuesto que no hubo fraude...

J. R.: ¿Pero cómo no va a haber fraude?

C. S. ¿Ah, sí?

J. R.: A ver. Se cayó el sistema; se tardaron seis días para los resultados finales. En 1 762 casillas —muy en el estilo soviético— hubo 100 por ciento del voto a favor del PRI. La mitad de las 54 mil casillas no fueron contadas por la oposición. Se destruyeron en el 92 los votos en el Congreso priísta dominado por usted. ¿No hubo fraude en el 88?

C. S.: Veo que es un tema que ha revisado con cuidado. Pero en este caso lo revisó incompleto.

J. R.: A ver, ¿qué faltó?

C. S.: ¿Cómo? Faltó documentarse suficientemente.

J. R.: No me va a decir que no hubo fraude. Cuauhtémoc Cárdenas sigue diciendo que hubo fraude. Muchos mexicanos consideran que hubo fraude.

C. S.: Bueno, bueno, ¿cómo no lo van a considerar si les han empujado la idea en estos años con la campaña de desinformación?

J. R.: Yo estuve aquí [en México] también. Cuauhtémoc Cárdenas iba arriba cuando se cae el sistema de computación que estaba contando los votos. Y cuando regresa el sistema, usted sale de ganador.

C. S.: Ésa es la imagen que se formó. No se cayó el conteo de votos. Sí se cayó la computadora. Pues ¿a quién se le ocurre montar una computadora que no tenía forma de operar?... Las 55 mil actas están depositadas con las firmas de los representantes del PRD —que no se llamaba así entonces—, del PAN, del PRI y de los otros partidos. Yo lo invito a que visite usted el Archivo General de la Nación, lleve sus cámaras, filme allí las actas y vea cómo están firmadas. Y esas actas no se quemaron, Jorge, sólo unas cuantas boletas. Es otra ficción que se promovió para decir [que] se escondió el resultado de la elección. Es la elección mejor documentada en el Archivo General de la Nación.

Las acusaciones

J. R.: Sobre su gobierno hay varias acusaciones. La fracción panista de la Cámara de Diputados, en junio del 97, hablaba de la desaparición de siete mil millones de dólares [producto] de la venta de las empresas paraestatales y de las privatizaciones. Desaparecieron siete mil millones de dólares.

C. S.: Está comprobado que cada peso que se obtuvo de las privatizaciones se utilizó para pagar deuda pública.

J. R.: ¿O sea que nada desapareció?

C. S.: Nada, absolutamente. Y está documentado.

J. R.: Usted, en su sexenio, tuvo 854 millones de dólares de una partida secreta del presupuesto. ¿Cómo se gastó este dinero?

C. S.: En todos los gobiernos en todo el mundo existen fondos confidenciales que se utilizan para tareas responsabilidad del Estado. En México están establecidos por la propia Constitución y reconocidos por el Congreso.

J. R.: Pero eso es motivo de abuso porque usted se pudo gastar 854 millones de dólares como se le pegó la gana.

C. S.: Usted repite la cifra y yo lo entiendo.

J. R.: Es fuerte la cifra. Yo la repito, pero usted se la gastó.

C. S.: Perdóneme, pero ésos son gastos del Estado en tareas responsabilidad del Estado. Como en todo el mundo. Y en México vienen desde 1824.

J. R.: La última acusación. El Partido de la Revolución Democrática (PRD) habla de por lo menos 500 miembros de su partido muertos durante su sexenio por promover un ambiente de linchamiento.

C. S.: Efectivamente, hubieron agravios contra perredistas durante mi gobierno. Yo le pedí a la Comisión Nacional de Derechos Humanos que investigara cada uno de ellos... Se identificaron 64. Se analizó cada uno. Todos fueron del ámbito local, no federal. Y durante mi administración se resolvió el 90 por ciento de los casos.

Por qué perdió el PRI

J. R.: ¿Por qué perdió el PRI en México en las pasadas elecciones?

C. S.: Más que los 71 años en el poder del PRI, lo que explica la derrota del 2 de julio son los últimos seis años del PRI en el poder.

J. R.: ¿La culpa de que haya perdido el PRI es de Ernesto Zedillo y de su gobierno?

C. S.: Le toca sin duda al doctor Zedillo explicarle al PRI por qué lo llevó a la derrota histórica que sufrió el pasado 2 de julio.

J. R.: ¿Usted conoce a Vicente Fox?

C. S.: No. Lo conozco muy poço. Usted hizo mucho énfasis de por qué perdió el PRI. Yo le diría que el resultado de la elección del 2 de julio se explica en gran medida por el trabajo tenaz de Vicente Fox. Y también por el esfuerzo que a través de 60 años realizó el Partido Acción Nacional para llegar al poder en el país.

J. R.: ¿Ganó Fox o perdió el PRI?

C. S.: Yo diría que ganó Fox y sin duda fue la derrota histórica del PRI.

La familia y Fidel

J. R.: Estaba hablando de su familia. Tiene dos hijos pequeños, Ana Emilia y Patricio Jerónimo. ¿Los dos nacieron en Cuba?

C. S.: Mi hija Ana Emilia Margarita es mexicana; nació en La Habana. Mi hijo Patricio Jerónimo es mexicano; nació en Dublín. Y en realidad tengo cinco hijos: Ceci, Emiliano, Juan Cristóbal, Ana Emilia Margarita y Patricio Jerónimo.

J. R.: ¿Fidel Castro lo ayudó a esconderse en Cuba?

C. S.: He estado ocasionalmente ahí. Sí.

J. R.: El hecho de que Ana Emilia haya nacido en La Habana y que usted haya pasado momentos en Cuba ¿le ha hecho perder la objetividad? Por ejemplo, ¿para usted Fidel Castro es un dictador?

C. S.: Ah, ¿vivir en Cuba es perder objetividad?

J. R.: ¿Fidel Castro es un dictador para usted? Quiero probar su objetividad.

C. S.: Los mexicanos tenemos como principio no intervenir en los asuntos de otra nación.

J. R.: No me va a decir que después de 41 o 42 años usted cree que Cuba es una democracia.

C. S.: El juicio que yo tenga es personal. Pero como mexicano y ex presidente de la república tengo la responsabilidad de no interferir en los asuntos internos de otra nación.

Limpiando el nombre

J. R.: Para acabar. Usted estuvo, por supuesto, seis años al frente del gobierno mexicano. ¿Tendrá que pasar el resto de su vida tratando de recuperar y limpiar su nombre?

C. S.: Mire usted, yo creo que todo ser humano tiene derecho a defenderse y presentarse en cualquier lugar. Pero el propósito de mi libro no es el de reconstruir una reputación. El propósito del libro es acreditar el trabajo de una administración competente que durante seis años promovió la modernización de México. Lo que yo busco es cerrar un capítulo con este libro.

J. R.: ¿Qué va a hacer ahora? ¿Quiere regresar a México?

C. S.: México siempre será mi lugar de residencia permanente; mi emoción, mi corazón, mi vivencia. Ésta es mi patria.

J. R.: Pero podemos esperar que usted empiece a vivir en México en los próximos meses.

C. S.: Bueno, en cuanto termine yo el programa que tengo de difusión del libro, sin lugar a dudas, así será.

J. R.: ¿A partir de diciembre [del 2000]?

C. S.: O enero, febrero. Vamos, ya a partir del año próximo.

La espada y el escudo

J. R.: Me mencionaba que este libro será espada y escudo para sus hijos. Explíqueme.

C. S.: Un escudo frente a todo lo que se ha dicho todos estos años... Es decir, que mis hijos vean para el futuro y que no tengan que estar explicando a su papá. Ése es el escudo. Y la espada para que sepan que pueden llevar el nombre con dignidad y con orgullo.

J. R.: ¿Se le podrá quitar el apodo de "villano favorito"?

C. S.: Mire, los apodos, como los temas de opinión pública, cambian con el tiempo. Al final lo que queda es el juicio de la ciudadanía.

Posdata. "Yo sé que mucha gente no me va a creer, Jorge", me dijo al despedirse y acompañado por su esposa Ana Paula. "Pero lo único que quiero ahora es generar la duda; sólo eso ya es ganancia."

Y duda generó... por unos días. Hasta que se dio a conocer una conversación telefónica de Raúl Salinas con su hermana Adriana. En esa conversación grabada de manera secreta y posiblemente ilegal, Raúl asegura que su hermano Carlos sí estaba enterado del origen de su dinero, que surgió en parte del "erario público" y que los pasaportes falsos que obtuvo fueron expedidos por el gobierno del ex presidente.

¿Quién mandó grabar ese diálogo telefónico? ¿Quién lo filtró a los medios? ¿Quién salía ganando? Como quiera que fuera, tras la difusión de esa conversación, Carlos Salinas de Gortari desapareció del mapa. Pero, desde luego, no sería la última vez que escucharíamos de él.

2. México Nuevo

Ciudad de México. "Éstas son las mañanitas, que cantaba el rey David…" Eran casi las 12 de la noche y miles de personas reunidas frente al edificio del Partido Acción Nacional (PAN) le estaban cantando las mañanitas a Vicente Fox. Ese domingo 2 de julio del 2000 había cumplido 58 años. Pero la tradicional canción parecía más apropiada para el país; ese mismo día, Fox se había convertido en el primer candidato de la oposición en la historia de México en ganar unas elecciones presidenciales.

"Me siento a toda máquina", le gritó Fox a sus simpatizantes. Así quedaron enterrados 71 años del férreo y corrompido control del Partido Revolucionario Institucional (PRI) sobre la presidencia.

Por fin llegaba la democracia a México.

Hasta ese 2 de julio, México tuvo una democracia a medias. La alternancia en el poder se había dado desde los municipios hasta las gubernaturas, pero nunca en la presidencia. Fox y millones de mexicanos lograron ese cambio.

El truco consistió en quitarle al gobierno la posibilidad de organizar las elecciones y de contar los votos. Con fraudes, mentiras y trampas, el PRI se amarró a la silla presidencial por siete décadas. Pero fueron los mexicanos a través del Instituto Federal Electoral (IFE) quienes desamarraron el nudo de las constantes manipulaciones priístas.

El país que amaneció tras las elecciones del 2 de julio era un México nuevo, verdaderamente democrático, un México plural, un México en el que ya no se valía eternizarse en el poder con fraudes, manipulaciones y abusos. Esto no quería decir que los problemas de México se resolverían de la noche a la mañana. Pero por fin los mexicanos nos deshacíamos del embrujo del PRI. Lo menos que podía ocurrir era que el cambio de partido en la presidencia generara una transformación en el viciado estilo de la vida política de México. Y eso ya era bastante.

Irónicamente esto fue posible gracias a un presidente priísta. Ernesto Zedillo se convirtió en una especie de Gorbachov mexicano. Gorbachov ayudó a democratizar a la antigua Unión Soviética pero, sin quererlo, acabó con su partido, el partido comunista. De la misma manera, la participación de Zedillo fue fundamental para que México diera el brinco a la verdadera democracia; se cortó el dedo y dejó que otros organizaran las elecciones. Y al hacerlo acabó con el poder de su propio partido que, aparentemente, no sabía ganar sin trampas. Sin querer queriendo Zedillo desmoronó al PRI.

Otra de las lecciones del 2 de julio del 2000 era que no se podía confiar en las encuestas en México. La mayoría de ellas, antes de las elecciones, dio como posible ganador al candidato priísta Francisco Labastida por un pequeño margen (o lo situaba en un empate técnico con Fox). Los resultados indicaron otra cosa. Cuando los mexicanos se dieron cuenta que sí podían confiar en el sistema electoral y se convencieron de que su voto efectivamente iba a contar le dieron una patada al PRI.

Los mexicanos del 2000 fueron como los nicaragüenses de 1990; guardaron celosamente su voto y, al sacarlo, dieron la sorpresa. Así cayeron los sandinistas en Nicaragua y así cayó el PRI en México.

Al final, Octavio Paz tuvo razón cuando describió el carácter de los mexicanos (en su libro *El laberinto de la soledad*) así: "…máscara el rostro, máscara la sonrisa". Es decir, durante todo el proceso electoral, millones de mexicanos se dejaron la máscara puesta y escondieron sus verdaderas intenciones a los encuestadores. Y luego se volcaron a las urnas para decir: basta ya del PRI.

"¡Estamos tan orgullosos de lo que hicimos este domingo!", me dijo la mañana del lunes 3 de julio una señora a quien no conocía pero quien alegre, valientemente, votó por la oposición. Y ésa es la actitud que demostró una buena parte de la población: millones de mexicanos se sentían responsables del cambio. Sobre todo, desde luego, los que pudieron votar contra el PRI.

Incluso muchos de los casi 20 millones de mexicanos que viven fuera de México también se percibían como partícipes de ese cambio: no los dejaron votar el domingo 2 de julio —debido a una maniobra priísta en el Senado—, pero por décadas habían enviado una señal de alarma de que las cosas no funcionaban bien en México.

Y personalmente sentía que el triunfo de la oposición —Fox a nivel nacional y el perredista Andrés Manuel López Obrador en la ciudad de México— me quitaba un enorme peso de encima. Muchas veces había dudado de que pudiera ser testigo de este cambio. Como a muchos, el fantasma del PRI invencible me perseguía. Pero ese mito quedó hecho trizas el 2 de julio.

Ahora sí podía ver hacia el pasado con más calma y hacia el futuro de México con esperanza.

El mejor momento de México

Después de las elecciones y antes de la toma de posesión de Fox el viernes 1o. de diciembre, México vivió uno de sus periodos de mayor optimismo. Varios días después del espectacular e histórico 2 de julio, la euforia y entusiasmo por la derrota del Partido Revolucionario Institucional (PRI) en las elecciones presidenciales aún no desaparecía.

"Todos estamos contentísimos de que esa bola de ladrones se vaya del gobierno", me comentó un enterado empresario mexicano. Bueno, en realidad no eran todos. Los priístas andan muy despistados, como si se les hubiera aparecido el chamuco. Pero sí había una notable multiplicación geométrica de las sonrisas entre aquellos que votaron por la oposición y zangolotearon al PRI.

El ánimo fiestero entre algunos mexicanos le permitió al presidente electo, Vicente Fox, una adelantada luna de miel. No se escuchaban muchas críticas en su contra. Después de todo, había logrado la hazaña de aglutinar a los votantes más dispares contra los abusos y excesos de poder de 12 presidencias priístas. Además, mientras no designara a su gabinete permanente y empezara a tropezarse con la dificilísima tarea de gobernar una nación donde 60 de sus 97 millones de habitantes son pobres, lo que se escuchaba respecto a Fox esos primeros días después de la victoria eran porras y muestras de confianza.

México estaba viviendo una pausita de alegría democrática. Luego vendrían las broncas de tratar de transformar las promesas foxistas —crecer al siete por ciento y crear un millón 350 mil empleos al año, acabar con la corrupción oficial...— en hechos. Pero mientras tanto, en restaurantes, en el metro, en las calles, casas y oficinas detecté un optimismo inusitado.

Ese entusiasmo por el cambio en México se vio reflejado en repentinas y ligeras devaluaciones del dólar frente al peso mexicano —históricamente siempre había sido al revés— y en la mejor campaña de imagen y relaciones públicas que recordara México en el exterior. La cara de Fox y las historias sobre la "revolución pacífica" en México aparecieron en las principales revistas y noticieros del mundo.

La democracia estaba pagando. O como dijera la escritora Guadalupe Loaeza desde España: "¡Qué bonito es ser de un país tan democrático!" Y muchos, por supuesto, querían tomar el crédito de la recién llegada democracia.

Una tarde en la ciudad de México una periodista me preguntó si el presidente Ernesto Zedillo había sido "el héroe" del 2 de julio y se me alborotó la úlcera. No, le contesté. Definitivamente no. A Zedillo sólo le tocó reconocer lo inevitable: que los mexicanos ya no querían a su partido, el PRI, en la presidencia. Pero el verdadero crédito de la transformación democrática en México era de otros.

Los verdaderos héroes de la jornada del 2 de julio fueron los que lucharon por 71 años para terminar con "la dictadura perfecta"; fueron los que trabajaron para que el Instituto Federal Electoral (IFE) —organizador independiente y autónomo de las elecciones— se convirtiera en sinónimo de honestidad y transparencia; fueron los medios de comunicación que se ganaron a rasguñazos sus espacios de libertad; y fueron, sobre todo, los 16 millones de mexicanos que votaron por la alternancia. No Zedillo.

Esto era lo maravilloso y sorprendente del cambio en México; que se trataba de un fenómeno plural.

La gente no sólo decía: "Fox ganó". La gente también decía: "Con mi voto ayudé a que México cambiara". Pocas veces he visto a votantes tan orgullosos como los mexicanos.

Y me daban envidia (de la buena) porque como mexicano en el extranjero no pude votar. Pero eso no evitó que celebrara el cambio.

Antes de partir a Miami, donde vivo, junté a un grupo de amigos y nos fuimos a jugar futbol al mero Zócalo, a un ladito de la Catedral. Nos divertimos de lo lindo, como niños. Dos policías nos vigilaban con incredulidad pero no se atrevieron a pararnos ni a decirnos nada. Las reglas del juego estaban cambiando.

El país, por fin, era nuestro.

México: fin de una era

El legado del PRI es funesto, criminal, y se necesitarán varios años para corregir sus errores y abusos.

Desde luego, el partido que ahora conocemos como el PRI surgió ante la necesidad de romper el ciclo de violencia que caracterizó la época posrevolucionaria. México, no hay duda, vivió varias décadas de estabilidad con el PRI. Pero el precio fue altísimo.

A cambio de estabilidad, casi todo lo demás fue sacrificado: la democracia, la justicia social, el respeto por las leyes. La herencia del PRI son muchos pobres, un puñado de multimillonarios, fraudes, mentiras, asesinatos y un sistema de gobierno marcado por el abuso y la impunidad.

Vamos por partes.

Tras siete décadas en el poder, el PRI dejó por lo menos 60 millones de pobres. Los gobiernos priístas crearon, casi siempre, más pobres que el régimen anterior. Ése fue su gran logro. La pobreza: ésa fue la herencia más significativa del PRI.

Pero aún hay más. México tiene una de las peores distribuciones de ingreso del mundo. El 10 por ciento más rico acapara aproximadamente el 40 por ciento de los ingresos. De tal manera que durante siete décadas la riqueza continuó concentrándose en las manos de unos pocos.

El PRI, como si fuera poco, fue una mágica maquinita que transformaba a funcionarios públicos en multimillonarios. De forma totalmente inexplicable, miles de funcionarios con salarios de sobrevivencia se convertían en ricos potentados al final de los sexenios. E incluso todos nuestros ex presidentes tienen un nivel de vida muy superior del que sugerían sus modestos salarios de servidores públicos.

¿Cómo le hicieron? ¿Con qué se compraron esas casotas en El Pedregal? ¿De dónde sacaron el dinero? ¿Hacían sus negocitos aprovechando su puesto en Los Pinos? Los mexicanos nos merecemos una explicación. Después de todo, es nuestro dinero. La concentración del poder económico en muy pocas manos: ésa fue la herencia más vergonzosa del PRI.

Aquí no para la cosa. Durante los regímenes priístas reinó la impunidad. La justicia del PRI no fue ciega; siempre tuvo un ojo abierto para proteger sus intereses. Podemos hablar de muchísimos casos que quedaron impunes, pero basta mencionar tres: los cientos de estudiantes masacrados por el ejército mexicano en la Plaza de Tlatelolco en 1968; los más de 500 opositores perredistas que perecieron durante el gobierno de Salinas de Gortari, y el asesinato el 23 de marzo de 1994 del candidato priísta Luis Donaldo Colosio, cuyos autores intelectuales no han sido, ni siquiera, identificados.

Esos crímenes nunca fueron resueltos y probablemente nunca lo serán. La impunidad: ésa fue la herencia que dejan los priístas respecto a la impartición de la justicia en México.

¿Presidente de la democracia?

No es mi intención aguarle el retiro a Ernesto Zedillo, pero no creo que se merezca el título del presidente de la democracia. A Zedillo no le quedó más remedio que reconocer el triunfo de la oposición en las elecciones del pasado 2 de julio. Ése fue su único mérito.

Zedillo no siempre actuó como un demócrata convencido. Hay que hacer memoria. Aceptó, sin quejas, su antidemocrática designación en 1994 como candidato del PRI a la presidencia de manos de Carlos

Salinas de Gortari y durante su carrera de servidor público nunca se destacó por criticar con fuerza el modelo a través del cual los presidentes escogían a su sucesor.

¿En qué momento le salió lo demócrata a Zedillo? Zedillo se fue con un récord más agrio que dulce; México apenas se recupera económicamente del ya famoso error de diciembre de 1994 —culpa compartida, no hay duda, de él y de Salinas—. Y debido a los oscuros manejos del Fobaproa, la deuda pública de México superó los 200 mil millones de dólares. Esto es como decir que cada uno de los 100 millones de mexicanos —niños incluidos— debe dos mil dólares por los malos manejos de sus ex presidentes priístas.

Además, el tema de la guerrilla en Chiapas fue enfrentado durante el sexenio de Zedillo como el avestruz; o sea, escondiendo la cabeza y tratando de ignorarlo para ver si desaparecía. Por supuesto, no desapareció. Chiapas reflejó todo un estilo de gobernar: Zedillo llegó a la presidencia sin querer —tras la muerte de Colosio— y la dejó con la misma tibieza.

Durante su campaña electoral, Zedillo pidió que le hablaran con "la neta". Pero él no siempre lo hizo así. A mí —en una entrevista realizada en Los Pinos en octubre del 96— me negó haberse reunido con Salinas de Gortari el viernes 3 de marzo de 1995 en una casa de Tecamachalco. "Es absolutamente falso", me aseguró Zedillo. Sin embargo, la reunión sí se realizó (de acuerdo con varias fuentes y declaraciones del propio Salinas).

Entonces, si Zedillo no nos dijo la verdad sobre esa reunión ¿podría habernos mentido también sobre otras cosas? Es pregunta. ¿Sabemos, por ejemplo, todo lo que hay que saber sobre quiénes y por qué fueron favorecidos con los dineros del Fobaproa?

Zedillo fue el punto final de una era marcada por las mentiras y los abusos del PRI.

Se iban los priístas, sí, pero no deberían dormir tranquilos. En inglés existe una bella palabra que no tiene una traducción precisa al español: *accountability.* Lo que más se acerca es el rendir cuentas. Y eso faltaba en México. Ya llegaría la hora de llamar a los priístas a responder por sus acciones y abusos.

Con Fox en la presidencia, una nueva época comenzaba con muchas esperanzas. Por dos razones: Primero, porque Fox sí era un presidente elegido legítimamente; no fue empujado desde lo alto como sus predecesores priístas. Y segundo, porque la apuesta era que le pusiera un alto a las siete décadas de abusos de poder del PRI.

Antes de la toma de posesión, las cosas olían bien.

1o. de diciembre:
el beneficio de la duda

Ciudad de México. México me alegraba. Y tenía, claro, ganas de celebrar. Pero había un problemita: no me habían invitado a ninguna de las ceremonias oficiales tras la toma de posesión de Vicente Fox como el primer presidente de oposición en México desde 1911.

¿Entonces?

No quería cometer el mismo error del pasado 2 de julio cuando, por cansancio, dejé de ir al monumento del Ángel de la Independencia en Reforma para celebrar el fin del PRI en la presidencia y la llegada de la democracia. Así que hice lo mismo que hicieron decenas de miles de mexicanos sin invitación formal a las pachangas; me fui al Zócalo, la noche del 1o. de diciembre, a la fiesta popular.

Hacía un frío que calaba los huesos pero me eché una carrerita y dejé de temblar. La gente se apuraba hacia la enorme plaza con niños en los brazos y jalando de la mano a los abuelitos. "Apúrense, apúrense que Fox ya está hablando", escuché decir a un padre que lideraba al batallón familiar uniformado con chamarras, cachuchas, chales y churros.

Me acerqué lo más que pude al Palacio Nacional. Fox, con la banda presidencial cruzándole el pecho, se estaba echando un discurso muy sabroso desde el balcón central. No pude caminar más. Me atoré. Quedé rodeado. Inmovilizado. Era sólo otro puntito de la multitud. Tocaba y me tocaban. Todo.

El momento me recordaba la escena de esa película en que Evita Perón le hablaba, también desde el balcón presidencial, a los descamisados argentinos reunidos en Buenos Aires. Pero el ruido de las bocinas que colgaban de dos gigantescas grúas rápidamente me regresaron a mi país.

"Viva México", gritó Fox y lo seguimos hasta descogotarnos. ¡¡¡Viva México!!! Sentí un calorcito de dolor en la garganta.

Luego Mijares empezó a cantar el himno nacional y nosotros fuimos su coro: "Mexicanos al grito de gueeeeerra..." Hacía 17 años, desde que me fui de México, que no cantaba el himno. Se me puso la piel de gallina y se me aguaron los ojos. Me sorprendí sinceramente emocionado.

"No me voy a morir con el PRI en la presidencia como tantos mexicanos", pensé. "Ya era hora que se acabara esta chingadera." Y me volví a descubrir sonriendo.

Para los mexicanos las elecciones del 2 de julio y la toma de posesión de Fox el 1o. de diciembre del 2000 se convirtieron en fechas tan importantes como la caída del muro de Berlín para los alemanes, o como la derrota de Pinochet en el plebiscito para los chilenos, o como la huida del cobarde dictadorcillo Fujimori para los peruanos, o como la desintegración del sistema comunista para los rusos, o como lo será el fin del régimen de Fidel Castro para los cubanos.

No es casualidad que Fox haya mencionado a Francisco I. Madero en su discurso inaugural como presidente. Fueron las ideas democratizadoras de Madero las que acabaron con la dictadura de Porfirio Díaz en 1911. Ahora, casi 90 años después del fin del porfiriato, se necesitó de otra revolución —ésta pacífica y con el apoyo de 16 millones de votos por la oposición— para terminar con el corrupto y autoritario sistema impuesto por el PRI. Ojalá que México nunca más vuelva a dar una vuelta en U en la historia.

No hay nada más peligroso para un periodista que poner las manos al fuego por un político. Quien lo hace generalmente acaba chamuscado. Así que no lo voy a hacer ni por Fox ni por nadie.

Sin embargo, ese 1o. de diciembre, había varias señales que apuntaban a la esperanza. Por principio Fox es un demócrata y eso lo diferencia de casi todos los otros 17 presidentes mexicanos que han gobernado desde que se estableció la Constitución de 1917. Fox ha prometido hablar con "franqueza y honestidad" y, si cumple, eso lo haría distinto a los 12 presidentes priístas que tuvo México desde 1929.

Había, también, otras señales de cambio. Algunas eran insignificantes pero marcaban ya un estilo muy personal de gobernar: se vistió con *jeans*, botas y sin corbata el día más importante de su vida, desayunó atole y tamales con los niños de la calle y no salmón y mimosas con los 17 mandatarios que lo visitaban, rompió el acartonado protocolo oficial en cuanta oportunidad tuvo, enfureció a los priístas más dogmáticos y retrógradas al incluir "a los pobres y marginados" en su toma de protesta como presidente, habló de paz y no de guerra en Chiapas, en su discurso inaugural saludó primero a sus cuatro hijos ("Hola, Ana Cristina;

hola, Paulina...") que al honorable Congreso de la Unión, despotricó contra los "grandes corruptos" y los pusó en guardia, hizo que 56 por ciento de los encuestados por Televisa creyeran que el próximo año les iba a ir mejor que éste, su caravana de autos se paró en cada semáforo en rojo respetando las leyes y se subió a un carro abierto, dando la cara y sin esconderse, apostando a que nadie quiere matar a un presidente que está en contacto con la gente. El contraste de Fox con Zedillo y Salinas de Gortari, para mencionar sólo a dos ex presidentes, era abismal.

Como periodista habría que hacerle las preguntas incómodas a Fox igual que a cualquier otro presidente. Bien lo decía Ikram Antaki en su último libro: los periodistas tenemos la obligación moral de ser el contrapoder. Y a veces el antipoder. No nos quedaba de otra.

Pero como mexicano, ahí, parado con otras decenas de miles de mis compatriotas en el Zócalo, sólo alcancé a murmurar: "No nos falles, Fox, no nos falles. Porque si nos fallas te vamos a odiar con odio jarocho. No, con odio guanajuatense. No, con odio a secas. Ése es el peor."

Mientras, ese 1o. de diciembre Fox tenía a su favor el beneficio de la duda...

Los que regresan

El olor a huevo podrido que dejaron priístas y fujimoristas empieza a desvanecerse. Poco a poco. Aunque el tufo haya apestado la memoria colectiva y dejado un mal sabor de boca a la historia.

México y Perú están viviendo momentos muy parecidos. En los últimos días ambos países han dejado atrás largos sistemas autoritarios, represivos y corruptos. Y en las dos naciones están regresando al poder y a puestos de influencia personajes que hasta hace muy poco eran criticados, difamados por sus respectivos gobiernos y que vivieron algún tiempo en el extranjero.

Soplan nuevos aires en Perú y México.

A México el cambio llegó desde abajo; 16 millones de votos por la oposición acabaron con 71 años del Partido Revolucionario Institucional (PRI) en la presidencia. El régimen del PRI fue arrollado como casas de cartón frente a un río desbordado.

A Perú el cambio vino desde arriba; el abuso del poder de Alberto Fujimori fue tan flagrante y obvio que no aguantó el peso, aparentemente insignificante, de un video que mostraba a su compinche y asesor, Vladimiro Montesinos, sobornando a un congresista. El gobierno de Fujimori se desbarató como un castillo de naipes.

Lo más interesante —y divertido— de ambos procesos democráticos es el regreso de personajes y políticos de oposición que fueron escupidos y desvirtuados públicamente y que ahora tienen su pedacito de poder. Es chistoso ver cómo políticos priístas y fujimoristas están actuando como perritos falderos ante personas que hasta hace poco atacaban con plena impunidad.

Déjenme contarles una anécdota que tiene que ver con el nuevo canciller mexicano. Durante los sexenios de los presidentes Carlos Salinas de Gortari y Ernesto Zedillo varias veces me visitaron representantes del gobierno de México en las oficinas de la televisora donde trabajo en Miami. Era frecuente escucharlos criticar con acidez a periodistas, académicos y miembros de la oposición con la intención de influir sobre nuestra cobertura, particularmente durante las negociaciones del Tratado de Libre Comercio y antes de las elecciones del 2 de julio del 2000.

Esos políticos y diplomáticos querían tener la última palabra en los asuntos mexicanos, tanto dentro como fuera de México. Desde luego, eso nunca ocurrió. "Esto no es México", les hacía notar. Y ellos sólo se reían, nerviosos. Entre los intelectuales que generalmente eran atacados por estos funcionarios estaba Jorge Castañeda, el actual secretario de Relaciones Exteriores.

Recuerdo muy bien una de esas reuniones en Miami. Venían cinco o seis personas: un cónsul, un vocero de no sé qué, un alto funcionario del gobierno y varios achichincles. Y su misión era muy clara: desprestigiar a Jorge Castañeda, entre otros. Decían que era un amargado, que se había inventado sus varios títulos profesionales, que sus libros no aportaban nada. En fin, puras mentiras; Castañeda no cojea por ahí. He entrevistado a Jorge en varias ocasiones en el curso de 15 años y sé que siempre hizo todo lo que estuvo a su alcance para ver un México democrático. Y sé también que, en el fondo, los gobiernos priístas le tenían, miedo y respeto.

En la cabecita de estos burócratas, criticar a los gobiernos priístas era equivalente a ser un "mal mexicano". Su mediocridad nunca les permitió entender que criticar al sistema autoritario de México era, por el contrario, el deber de todo buen mexicano y el derecho de cualquier demócrata.

¡Cómo han cambiado las cosas en sólo unos días! Hoy varios de esos diplomáticos y funcionarios del gobierno de México que me visitaban en Miami están bajo las órdenes de Castañeda. Y me pregunto si tendrán los pantalones —y las faldas— de decirle en su cara lo que me dijeron antes a mí. Lo dudo. Además, no me extrañaría para nada que cambien de piel y que, después de defender por años los excesos priístas, hoy se declaren unos verdaderos defensores de la democracia. Seguro tragarán dos veces antes de decirle, rastreros, al nuevo canciller: "Sí, señor, lo que usted diga... ¿se le antoja un cafecito?"

En Perú el panorama es más complicado políticamente, pero igual de divertido que en México. Los fujimoristas andan con la cola entre las patas luego de que el rey se quedó sin ropas y se descubrió como un cobarde dictadorcillo. Fujimori ni siquiera se atrevió a dar la cara y envió su renuncia ¡por fax! desde Japón. A Perú están regresando los 117 diplomáticos de carrera que Fujimori corrió en 1992, tras la antidemocrática disolución del Congreso y la Constitución. El nuevo canciller y jefe de gabinete peruano, Javier Pérez de Cuéllar, calificó de "arbitraria" la decisión fujimorista y le dio la bienvenida a sus ex compañeros.

También ya regresó Baruch Ivcher, a quien el gobierno de Fujimori le arrebató el Canal 2 de televisión como represalia por su crítica cobertura periodística. El Canal 2 está de nuevo en sus manos por órdenes de un juez. Qué cómico será para Baruch ver cómo le piden empleo los mismos seudoperiodistas que hace tres años no se atrevieron a defender la libertad de prensa en Perú. Y qué triste y vergonzoso para ellos.

En México y Perú hay muchos enmascarados que harán, sospecho, lo que tengan que hacer para agarrar una chambita. Hipócritas de profesión. Y los que antes eran salinistas, zedillistas y fujimoristas ahora se declararán superdemócratas, foxistas y toledanos. De verdad, no dejo de asombrarme de la capacidad camaleónica de las clases dirigentes en América Latina.

Pero el alivio es que ya no tienen el poder de antes. Al menos en México y Perú. Ahora lo tienen quienes regresan. Como Baruch Ivcher. Como Jorge Castañeda.

3. Vicente Fox:
el cambio con botas

Ciudad de México. Varias veces lo dieron por muerto. Políticamente, claro está. Cuando comenzó a hacer su campaña dos años antes de las elecciones presidenciales del 2000, sus opositores dijeron: "La gente se va a cansar". Pero se equivocaron; quienes no lo conocían supieron que había un tipo llamado Vicente Fox y que quería ser presidente ganándole al PRI.

Cuando soltaba groserías en público, sus enemigos decían: "Eso no es presidenciable". Pero se equivocaron; los mexicanos se dieron cuenta de que Vicente Fox hablaba igual que ellos y que no utilizaba palabras domingueras como "coadyuvar".

Y cuando en un mal llamado martes negro —mientras se discutía la fecha de un debate presidencial— él dijo: "Hoy, hoy, hoy", sus contrincantes (Francisco Labastida del PRI y Cuauhtémoc Cárdenas del PRD) lo acusaron de terco e intransigente y propusieron que el encuentro se realizara, no hoy, sino pasado mañana. Pero también se equivocaron. Los mexicanos estaban hartos de esperar y Fox transformó el "hoy, hoy, hoy" en un grito de guerra.

Este ranchero con botas de 58 años, de apellido irlandés, de madre española, separado y con cuatro hijos adoptivos, ex presidente de Coca-Cola, educado en Harvard y ex gobernador de Guanajuato retó al sistema que había prevalecido en México durante 71 años y le ganó. ¿Cómo lo hizo?

Bueno, por principio se burló de todos aquellos que representaban ese círculo vicioso. Así, al faltarle el respeto al presidente, al candidato oficial y al PRI le demostró a los mexicanos que los priístas no eran invencibles, sino de carne y hueso… y carentes de humor. Y luego de criticar a los priístas, le explicó a los mexicanos en un maratón interminable de entrevistas y presentaciones en los medios de comunicación qué es lo que pensaba hacer con México si llegaba a la presidencia. A la gente le gustó el estilo y el desplante: 16 millones de mexicanos votaron por él.

Lo conocí por primera vez en 1997. Había pedido una cita con él y me la concedió sin saber bien a bien quién era. Nos vimos en un hotel de Irapuato, sin prisas, y discutimos lo que entonces todavía parecía un imposible: cómo tumbar al PRI de la presidencia. Pocos meses más tarde, no me sorprendí para nada al enterarme que había iniciado su campaña presidencial.

Lo volví a ver la mañana del lunes 3 de julio, horas después de su histórico triunfo. Las encuestas mintieron. Fox humilló a sus contrincantes en las urnas. Y los mexicanos se enteraron, por primera vez, de que su voto sí contaba.

Fue fácil encontrarlo en uno de los salones del hotel Fiesta Americana de la ciudad de México. Le sacaba casi toda la cabeza a la mayoría de sus colaboradores. Su voz ronca, bigote negro y ojeras de comunicador incansable son ya parte del nuevo México.

Esta entrevista fue lo más lejos de ser una exclusiva. Decenas de periodistas de todo el mundo le esperaban en el mismo salón; todos aseguraban tener una cita y tengo entendido que nadie se fue de ahí desilusionado. Le cumplió a todos.

Llegó con una Coca-Cola en la mano, cuya lata roja escondió detrás de la silla para que no se viera en las fotos. Traía traje azul, camisa blanca y corbata oscura. Al sentarse descubrió sus botas negras y picudas con su nombre bordado: Vicente Fox.

Y luego, aislándose de la batalla periodística que nos rodeaba, me miró fijo a los ojos y dijo: listo.

Jorge Ramos: Señor Fox, ¿ganó el PAN *o perdió el* PRI?

Vicente Fox: Pues me parece que ganó México. Lo primero; hubo una competencia fuerte, a veces áspera, ruda en el proceso electoral. Pero al final pues ganamos los mexicanos y ganó la democracia. Setenta y un años llevábamos con el mismo gobierno. De hecho, es la primera vez en la historia de este país donde se transfiere el poder de un partido político a otro.

Nunca había sucedido. Así es que, cada minuto y cada día, estamos haciendo historia y estamos caminando senderos prístinos que nunca antes habíamos pisado.

J. R.: Pero ¿fue un voto de rechazo al PRI?

V. F.: Sí, sí, de manera importante. Yo diría que quizás hasta la mitad de los votos bien pudieran haber sido por esa causa. Hay un hartazgo. Pero por el otro lado también hubo propuesta, propuesta que interesó mucho a los ciudadanos. Nuestra propuesta, sobre todo, de ser un gobierno incluyente, un gobierno de transición, un gobierno plural. Fuimos el único que planteó esto y me parece que ahí estuvo uno de los puntos importantes de nuestro triunfo.

J. R.: En su campaña usted acusó a muchos priístas de corruptos, de malos manejos. Muchos esperan que usted haga justicia. Pero ¿su gobierno va a ser un gobierno vengativo, castigador?

V. F.: No, de ninguna manera. Y sí hay esa clase de priísmo. Sí que la hay.

J. R.: No quieren que se raje, básicamente.

V. F.: No, no, por supuesto que no. Y es importante establecer la verdad del pasado para poder construir el futuro. Es importante que haya justicia en un país para

que pueda vivirse el estado de derecho. Y en este sentido vamos a trabajar sobre el pasado. Pero no con el esfuerzo del gobierno y no distrayendo la atención del
futuro que tenemos que construir con rapidez, de la
pobreza que tenemos que combatir con urgencia.
En ese sentido vamos a crear la Comisión de Transparencia para que averigüe sobre el pasado, integrada
por ciudadanos de alta calidad moral y trabajando junto
con poder judicial y con procuraduría de justicia del
país. Y así avanzar sin detener el gobierno que está
construyendo, impulsando el desarrollo económico
sustentable en este país.

*J. R.: Pero, por ejemplo, políticos como el ex presiden-
te Carlos Salinas de Gortari ¿deberían tener miedo de
venir a México porque podrían acabar en la cárcel?*

V. F.: Pues bueno, lo que pasa es que no hay ninguna
denuncia en particular presentada en contra de él. Ciertamente la hay de su familia, particularmente de Raúl,
del hermano Raúl, el famoso hermano incómodo. Sin
embargo, es *vox populi,* y es señalamiento de todo el
pueblo los muchos errores cometidos por Carlos Salinas. Y también muchas posibles corrupciones. Lo primero que habría que hacer es conocer a fondo el
sexenio, hacer las averiguaciones pertinentes y presentar en el ministerio público las denuncias. Esto es
parte de la tarea que hará esa Comisión Nacional de
Transparencia.

J. R.: [Sobre la] transición, por supuesto, es muy difícil pasar de un gobierno priísta a un gobierno de la oposición. Usted ha pisado muchos callos y está amenazando muchos intereres. ¿No tiene miedo de un atentado contra su vida?

V. F.: Pues la verdad es que no me da tiempo para eso. Duermo poco, trabajo mucho, participo mucho con ustedes, con los medios de comunicación. No hay tiempo pa' pensar en temor. Yo creo que cuando se lucha por una causa noble como es en este caso por México, yo francamente no tengo temor y no creo que vaya a haber tal atentado.

J. R.: ¿Pero su seguridad ya cambió [al pasar de] candidato a presidente electo?

V. F.: Estamos reforzando, sí, algo la seguridad. De cualquier manera es una seguridad propia que venimos construyendo desde que estuve de gobernador en Guanajuato. El 1o. de diciembre pasaré a manos del Estado Mayor Presidencial —una vez que hagamos la elección de quién va a encabezar ese organismo del ejército— y creo que habrá suficiente garantía de seguridad.

J. R.: Usted culpó al presidente Zedillo de que millones de mexicanos se iban a Estados Unidos a trabajar porque aquí no encuentran empleo. ¿Qué va a hacer usted para que estos mexicanos no se sigan yendo?

V. F.: No es consecuencia de un solo gobierno. En realidad la economía no crece hace 25 años. Seguimos con el mismo ingreso per cápita que teníamos desde entonces. Como decíamos aquí: la cobija se ha ido haciendo chiquita, el pueblo va creciendo y hoy no alcanza para cubrir a todo mundo. Lo que necesitamos es hacer crecer la economía; es la única manera de que existan las oportunidades y los empleos. Es un reto enorme. Es audaz lo que hemos propuesto: crecer a un siete por ciento. Si logramos crecimiento al siete por ciento el asunto está resuelto. Sí da para [crear] el millón 350 mil empleos [anuales].

J. R.: ¿No es muy optimista el siete por ciento?

V. F.: Es optimista. Lo han hecho muchos países. Lo ha hecho México por décadas. Y lo vamos a hacer porque todo el mundo está en un *boom* de crecimiento. La propia economía americana llegó a crecimientos por encima de siete por ciento en un trimestre. Y este *boom* de crecimiento que está dando todo el mundo es producto del *drive* [corriente] tecnológico impresionante que hay; de asuntos como el internet, el celular, que se estima impactan hasta en uno y uno y medio por ciento el crecimiento del producto interno bruto de muchos países.

El impacto del comercio que también está dando una gran sinergia al crecimiento. Y finalmente la economía del conocimiento. El hecho de esta nueva economía que ya no está fincada en las fábricas como estaba antes, sino en el conocimiento, en la tecnología. Estas corrientes de crecimiento es el último tren que está disponible para que los mexicanos nos subamos y créemelo, créanmelo, nos vamos a subir a ese tren de éxito, a ese tren de crecimiento.

J. R.: Quienes no se han podido subir a ese tren son cerca de seis millones de mexicanos indocumentados en Estados Unidos. Muchos mueren, otros se ahogan en el río, son golpeados o perseguidos. ¿Qué puede hacer usted por los mexicanos del otro lado de la frontera? Realmente.

V. F.: Bueno, vamos a trabajar en tres cosas. Primero, velar por sus derechos. Asegurar que protegemos los derechos humanos de cada uno de los inmigrantes legales o ilegales. Se tienen que respetar sus derechos. Seremos un gobierno con la autoridad moral, con la legitimidad democrática y con la voluntad de hacer esa defensa. No vamos a aceptar que esté andando esa cacería de indocumentados ahí en Arizona. Eso es increíble que esté sucediendo a estas alturas, ya en el siglo XXI.

Segundo, vamos a trabajar juntos con los migrantes para hacer inversiones allá y acá. Porque ya muchos han logrado una buena posición allá. De hecho, generan un producto interno bruto más grande que el que generamos los 100 millones de mexicanos acá. Buscar esta asociación a través de un esfuerzo inmenso de consulados, de *clubs*, de casas de los distintos estados de la República Mexicana.

Y [tercero], buscar que contribuyamos ambos a sacar del subdesarrollo a sus propias familias, acá, en sus comunidades rurales.

J. R.: Usted dijo que ya no iba a decir groserías. Pero ¿todavía se siente a toda máquina como ayer [2 de julio] dijo?

V. F.: ¡Híjole, todavía se me suelta una que otra por ahí! A ver, todavía, y cumplo mi promesa. Pero, bueno, me disculpan si se me va alguna por ahí.

J. R.: Maquío [Manuel Clouthier, el líder panista que murió en un extraño accidente] decía: "La cochi no suelta la mazorca ni aunque le den palos". Ahora ya soltó la mazorca.

V. F.: Así es. Y es sorprendente cómo se dio este proceso de transición. Por un lado, con un pueblo de México volcado en una revolución de esperanza, en un gigantesco movimiento cívico popular de millones y millones que despertamos en estos últimos tres años. Segundo, un Instituto Federal Electoral que hizo una gran tarea, una tarea muy profesional. En el día de ayer [2 de julio] prácticamente no hubo quejas ni irregularidades. El proceso se dio a la altura de lo que esperábamos. Y tercero, tengo que reconocerlo, la propia voluntad del presidente Zedillo de dejar que la transición se dé sin ponerle interferencias ni obstáculos. Reconozco a mis competidores, a Labastida, Cuauhtémoc Cárdenas, que finalmente reconocen el triunfo. Y para ellos mi reconocimiento, a pesar de que hayamos tenido grandes debates, hoy podemos trabajar juntos por México.

J. R.: *¿Quién va a ejercer de primera dama?*

V. F.: No, por lo pronto no hay tal. [Las] decisiones personales las tomaré cuando se presenten.

J. R.: *¿Podría ser su hija [mayor, Ana Cristina]?*

V. F.: Mi hija no. Ella tiene su propio proyecto. Ella está estudiando leyes. Ella colabora en la campaña; se acerca, trabaja con gran entusiasmo, sobre todo con los jóvenes. Pero aquellas tareas que se les reconocían a las primeras damas —del DIF y de otras—, ésas las vamos a hacer profesionalmente [con la] integración de los mejores equipos para esa tarea.

J. R.: *¿No se va a quitar las botas?*

V. F.: Nunca. Ni en la tumba. Ahí voy a estar con las botitas afuera.

Posdata. Fox no había acabado de pedirle a los mexicanos en Estados Unidos que le echaran muchas porras a México "porque el siglo XXI es el siglo de toda Latinoamérica", cuando los fotógrafos y reporteros que nos escuchaban, percibiendo una pausita, saltaron a hacerle otras preguntas. Fox quedó rodeado. Mi entrevista, obviamente, había terminado. Y ni siquiera pude despedirme. Tampoco pude contarle a Fox que con su triunfo me había liberado de una tortura periodística por los próximos seis años.

Sí. Con su victoria ya no tendría que andar correteando durante todo el sexenio al presidente en turno —como lo hice en su oportunidad con Carlos Salinas de Gortari y Ernesto Zedillo— y bombardeándolo con preguntas pesadas. Con la derrota del PRI quedó cumplida una misión autoimpuesta desde que comencé en esto del periodismo a principios de los ochenta: nunca dejar de hacer las preguntas incómodas a los gobernantes mexicanos hasta que la verdadera democracia representativa, con alternancia, llegara hasta la presidencia de México. Punto y aparte.

Ahora era el turno de hacerle las preguntas incómodas al primer gobierno de la oposición en México. Fox tomó posesión el 1o. de diciembre del 2000, convirtiéndose así en el primer presidente de la oposición desde 1911, cuando las propuestas de Francisco I. Madero —"Sufragio efectivo, no reelección"— acabaron con el porfiriato.

4. Francisco Labastida:
lo que el voto se llevó

Ciudad de México. Ojos rojos. Por todos lados. Irritados por la falta de sueño. Eso es lo primero que llamaba la atención de los colaboradores y amigos de Francisco Labastida. En cambio, él parecía tan fresco como un jugo de toronja recién exprimido.

Conocí a Labastida unas horas después de haber ganado las elecciones primarias del Partido Revolucionario Institucional (PRI) a finales del 99. Casi no había dormido la noche anterior —tras el discurso de victoria y antes de la primera entrevista del día— pero rebosaba de energía. "Estoy acostumbrado a días de 15 horas de trabajo", me comentó.

Estaba sorprendido por la magnitud de su triunfo electoral el 7 de noviembre. "Sí me sorprendió, lo confieso", dijo Labastida. "Yo no pensé ni que iban a salir 10 millones de mexicanos a votar ni que íbamos a ganar con 270 distritos; se lo digo con honestidad, fue una sorpresa."

Si le creemos a los priístas, su victoria significaba el fin del dedazo (esa ancestral tradición a través de la cual el presidente en turno escogía a su sucesor). Tuvieron que pasar 70 años —y una elección— para que Francisco Labastida tomara posesión, oficialmente, como candidato del PRI a la presidencia de México. Fue una elección que los priístas calificaron de "histórica". Sin embargo, para sus opositores, fue sólo una simulación. ¿Por qué? Porque el ganador se conocía varias semanas antes de que se sufragara el primer voto.

Para sus críticos, Labastida era un tecnodinosaurio de la política mexicana; fue gobernador de un estado —Sinaloa— donde el narco siempre ha hecho de las suyas y secretario de Gobernación cuando el crimen dio un salto en el país. Pero para sus seguidores, él era la máxima encarnación de un partido que había sabido reinventarse durante siete décadas para mantenerse en el poder.

Para ser francos, Labastida había divulgado dos cosas de su vida privada que casi ninguno de sus compañeros priístas había hecho: la primera, reconocer un secreto personal —tiene una hija fuera del matrimonio— y la segunda, hacer pública su declaración patrimonial —tenía en ese entonces poco más de medio millón de dólares.

Cuando conversamos, estaba rodeado de sus jóvenes asesores —a sus 57 años podría ser el padre de muchos de ellos— y contagiado de su entusiasmo. Traje azul, camisa blanca, corbata roja. Cada pelo en su lugar. La sonrisa franca. Mirada directa. Me pareció más delgado y menos alto de lo que proyectaba por televisión.

Seguramente algo pasó en los últimos días; no me encontré con el personaje acartonado que había visto en las entrevistas que concedió durante la campaña electoral. Se veía seguro, relajado. Quizá fueron sus asesores de imagen. O quizá era la tranquilidad que daba el saber que él sería el candidato del PRI a la presidencia.

Jorge Ramos: ¿Fue una elección de a de veras? Estaba hablando con la gente y me decían: "pues cómo no va a ganar el señor Labastida si lo apoyaron gobernadores, presidentes municipales, funcionarios del PRI, e incluso el mismo presidente". Existe la percepción de que la cargada lo llevó a usted al triunfo. ¿Qué le dice usted a esta gente?

Francisco Labastida: Que en lugar de cargada es mayoría. Es una razón muy elemental, digamos. Votaron millones de personas [y] más de cinco millones de personas votaron por mí. ¿Usted cree que yo le puedo manejar el dedo, el cerebro, a cinco millones de personas? Obviamente no, nadie lo puede hacer. El voto corporativo es algo que forma parte de, digamos, lo que el viento se llevó. Eso forma parte del pasado. No existe hoy. Inclusive si se trata de utilizar, se revierte... ¿Por qué ganamos? Yo creo que porque la propuesta que planteamos fue la que convenció a la gente.

*J. R.: Usted hablaba [en su discurso de victoria]
que había que alejarse de los valores de Salinas.
¿A qué se refiere? ¿A los valores morales o que va a
cambiar el modelo económico que hay en este país?*

F. L.: No. Por lo que toca al modelo económico, fundamentalmente hay que darle continuidad al crecimiento económico. Inclusive tener un crecimiento económico más alto. Que hay que fortalecer la economía de mercado. Que hay que impulsar mucho la generación de empleos como fórmula de fondo para solucionar los problemas de pobreza que hay en el país. Que hay que mantener disciplina fiscal. Que hay que mantener, también, la apertura hacia el comercio exterior. Esto, creo, que son avances que tenemos que mantener...

J. R.: No está hablando [de cambios] al modelo económico.

F. L.: Bueno, sí. Hablo de algunos cambios al modelo económico. ¿Qué cambios? Impulsar mucho la generación de empleo... Si lo más valioso que tenemos es nuestra gente, si no queremos que se vaya a Estados Unidos porque no lo encuentra aquí, tenemos que impulsar actividades que den empleo en México. Abrirles nuevas opciones a los jóvenes... [Son] algunos cambios del modelo que nos permiten lograr con mayor eficiencia lo que nos estamos planteando.

J. R.: Cuando dice que hay que alejarse de Salinas [de Gortari], entonces ¿a qué se refiere? ¿Qué le hizo Salinas? ¿Qué le molesta de Salinas?

F. L.: No es un problema personal. Es un problema de lo que uno quiere, vamos a decirlo en esos términos. ¿Qué planteo? Que si hay crecimiento económico se distribuya de mejor manera entre toda la gente. Que no sea un crecimiento económico que le concentre beneficios a unos cuantos.

J. R.: ¿Es una crítica a los multimillonarios que surgieron durante la época de Salinas?

F. L.: Es una crítica a un pequeño grupo de gentes [sic] que hicieron grandes fortunas. Entonces yo digo: ¿es cierto que yo quiero que la economía crezca? Sí. Pero quiero que crezca para apoyar a la mayor parte de la gente, a la mayor parte de los mexicanos.

J. R.: ¿Hay que enjuiciar a Salinas?

F. L.: No es un problema de enjuiciamiento. Mi planteamiento fundamental es: no quiero ver tanto para atrás, quiero ver hacia adelante. Y ver hacia delante para mí significa definir con mucha claridad hacia dónde vamos y también definir cómo lo construimos. Soy de los que piensan que hay que tener precisión en el rumbo, pero hay que cuidar mucho los detalles.

J. R.: Usted mencionaba hace unos momentos a los mexicanos que viven en el exterior. Hay cerca de 10 millones de mexicanos [mayores de edad] viviendo fuera. Y el Senado, dominado por su partido, le prohibió a estos mexicanos votar en las próximas elecciones presidenciales. ¿Usted cambiaría esto?

F. L.: Depende de las formas y depende de cómo se haga.

J. R.: Pero digamos, en general, la idea de que el mexicano en el exterior pueda votar por el presidente en México. ¿Le parece que es una buena idea?

F. L.: No estoy convencido todavía. Es un asunto que lo quiero ver con calma y déjeme explicarle por qué. ¿Cómo se compatibiliza eso con las posiciones que tienen en Estados Unidos —y la reacción que pueda haber en Estados Unidos— con quien pueda votar en dos países? ¿Qué nos va a provocar?

J. R.: Y [como candidato] tendría que hacer campaña en Estados Unidos.

F. L.: Tendría que hacer campaña en Estados Unidos. Lo quiero estudiar con calma… No es un asunto menor. Lo que sí tengo muy claro son dos cosas: primero, es necesario, conveniente, indispensable, tener una mayor cercanía con los mexicoamericanos… y si soy presidente, lo voy a hacer; segundo, el país tiene que crear, a mucha mayor velocidad y mejor pagados, empleos para que no tengamos que perder a nuestra gente que se va a buscar empleo a Estados Unidos.

J. R.: Y que se siguen yendo.

F. L.: Se siguen yendo a promedio de 200 mil por año.

J. R.: Hay un debate en Estados Unidos para concederle amnistía a millones de indocumentados; cerca de cinco millones, la mayoría, mexicanos. ¿Usted promovería esta idea? ¿Trataría de influir o presionar al gobierno norteamericano para que diera amnistía a estos indocumentados?

F. L.: Más que influir, plantear. Y agregaría algo adicional. Las relaciones con Estados Unidos hay que entenderlas no sólo en el día de hoy, no sólo en la solución de los problemas cotidianos que se viven… sino con una visión de largo plazo… Tenemos que entender que un trato maduro, civilizado, constructivo, es benéfico para los dos países, es benéfico para los dos pueblos. Tenemos que buscar formas en donde lo que se inició con el Tratado de Libre Comercio sea equitativo, sea justo, y pueda llegar a cosas superiores.

J. R.: Señor Labastida, usted en su discurso de aceptación mencionó a Colosio. ¿Tiene usted miedo que lo maten? ¿Está preocupado por su vida?

F. L.: No, no tengo, Jorge, miedo por eso —y pérdoneme que se lo diga— ni por nada. Yo he sufrido atentados, yendo con mi mujer. Si tuviera temor no andaría por estos trotes.

J. R.: Pero ¿hay una preocupación de que las cosas se están yendo fuera de las manos? O sea, después de los asesinatos del 94, ¿un candidato, como usted, no corre mucho mayor riesgo?

F. L.: No están dadas las condiciones para que se presente en el país algo de este tipo, un magnicidio. El país, estoy convencido, transita más hacia la estabilidad. Y bueno, vamos a procurar desde luego tender siempre los puentes de concordia, entendimiento, no sólo para que haya tolerancia, sino para que haya unión entre los mexicanos.

J. R.: A los que vivimos fuera de México nos llaman la atención varias cosas. De pronto se habla del dedazo como si los priístas siempre hubieran hablado del dedazo. ¿Qué quiere decir? ¿Que el partido por 70 años no fue democrático y ahora sí [lo es]?

F. L.: No es que el partido no sea democrático. Vamos a plantearlo en estos términos.

J. R.: Llevan 70 años en la presidencia y nunca la han soltado.

F. L.: Sí. Bueno, pero el sistema de elección de los candidatos es un sistema de elección en donde la cúpula decidía quién era el candidato.

J. R.: El presidente, por dedazo.

F. L.: Sí, bueno, pero esto lo que significa es que ese candidato, luego en la competencia, pues puede no ganar. Hoy tenemos 11 gubernaturas que son de otros partidos. Pero cada partido tiene una forma de elegir a sus candidatos de manera más o menos abierta y el partido había tenido una decisión concentrada en un grupo muy pequeño o en una sola gente. Y obviamente hoy nos estamos abriendo a la democracia. ¿Qué quiero decir con ello? Pues que el partido se está echando un clavado en la democracia, de una decisión cupular, de un solo dedo, del dedo índice, se echa un clavado a la democracia para que decidan millones de personas.

J. R.: Ahora se puede hablar de todo, ¿verdad?

F. L.: Sí, sí.

J. R.: ¿Usted fue escogido por dedazo para ser gobernador [de Sinaloa]?

F. L.: No por dedazo. Pero sí fui apoyado por Miguel de la Madrid para ser gobernador.

J. R.: ¿De la Madrid lo escogió a usted para ser candidato del PRI a su estado?

F. L.: No, pero De la Madrid me apoyó para que fuera candidato a gobernador.

J. R.: Un apoyo fundamental, supongo.

F. L.: Vamos a plantearlo en estos términos. Yo era secretario de Estado. Se me mencionaba inclusive como precandidato a la presidencia. Cuando hace el análisis el partido, lo que se hace, lo que se acostumbra, es examinar el perfil de los precandidatos que contienden... Le voy a dar un dato. En los análisis resultaba que el 86, el 88 por ciento de los sinaloenses me conocían. Una razón elemental; porque salía muy frecuentemente en la televisión porque era secretario de Energía, porque estaba en crisis el problema de los precios del petróleo. Me identificaban muy bien mis paisanos los sinaloenses, conocían a mi familia, tenía y tengo una gran cantidad de amigos. Entonces ¿qué hace el partido? Examina entre las opciones, pero había lo que se llama una decisión final. Hoy sustituimos esta decisión final de los análisis que hace el partido por la decisión que hacen millones de personas.

J. R.: Los académicos consideran que mientras no haya alternancia del poder en la presidencia no va a haber verdadera democracia en México. Que el PRI tiene que perder.

F. L.: Con todo respeto por los académicos, pero ése es un error. Ni teóricamente se fundamenta, ni se puede fundamentar desde el punto de vista práctico.

J. R.: Dicen: Democracia es elecciones libres y alternancia de los partidos políticos en el poder.

F. L.: Democracia es elecciones libres, votos secretos, equidad en la competencia, leyes que lo favorezcan, órgano independiente que juzgue la elección.

J. R.: ¿No requiere alternancia?

F. L.: Bueno, se da la alternancia cuando la sociedad lo demanda. Pero ¿sólo cuando hay alternancia hay democracia? El que el presidente Clinton haya repetido ¿quiere decir que no hubo democracia en la segunda elección?

J. R.: Es que llevan 70 años del PRI en la presidencia.

F. L.: Estoy tratando de analizar teóricamente lo que dicen. Son como de esas figuras que se crean, que se repiten, y a base de repetirse luego como que toman carta de autenticidad.

J. R.: ¿El presidente Zedillo es su amigo?

F. L.: Es mi amigo, desde luego, y voy a procurar que siga siendo mi amigo.

J. R.: ¿Usted cree que él [Zedillo] tuvo algo que ver, finalmente, en que usted estuviera aquí como candidato a la presidencia?

F. L.: Dicho con todas las palabras: no me dio apoyo, si eso es lo que me quiere preguntar. Me moví con mis propios recursos...

J. R.: Al principio de la entrevista usted me mencionaba lo difícil que es tratar de unir su carrera como candidato del PRI con su familia. ¿Cómo va a tratar de ser todo para todos?

F. L.: Bueno, hay que sacarle jugo al día. En lugar de que sean días de 10 horas de trabajo, tienen que ser días de 14 o de 15 horas y uno le tiene que encontrar espacios para convivir con la familia, para convivir con lo que es permanente y perdurable. Creo que la regla aquí es que uno compense cantidad por calidad. Que compense los minutos que no le puede dedicar a los hijos con cercanía con ellos. Le pongo un ejemplo. Un día un hijo me dijo: "Oye, ayúdame porque me quiero comprar un coche". Le dije: "Mira, no te voy a ayudar, no te voy a poner en tu mano este dinero. Pero lo que sí te voy a poner en tu mano siempre va a ser mi corazón. Ahí vas a tener mi corazón, siempre en buenas y en malas, en cualquier circunstancia". Y he procurado siempre estar con mis hijos. Que ellos tengan la seguridad siempre de que tienen el cariño y el amor de su padre en cualquier circunstancia. Y que estoy en buenas y en malas.

J. R.: Casi no durmió, ¿verdad?

F. L.: Cómo no. Tres horas.

Posdata. Labastida, desde luego, perdió la elección presidencial del 2 de julio del 2000. Será recordado como el primer candidato presidencial del PRI que no reemplaza al presidente en turno. La hegemonía del PRI; eso es lo que el voto se llevó.

Pero la pregunta obligada es: si los otros candidatos priístas a la presidencia se hubieran sometido a elecciones limpias, justas y transparentes, ¿hubieran ganado también? En muchos casos la respuesta es un rotundo no.

5. La campaña del 2000: ricos, olvidados y discriminados

Racismo: hasta en las mejores familias

Filadelfia. Llegué a esta ciudad cargado de escepticismo. El Partido Republicano se había hecho mala fama por tener como miembros a algunos de los norteamericanos más racistas y xenófobos de Estados Unidos. Basta mencionar al ex gobernador de California, Pete Wilson, y al político y comentarista televisivo Pat Buchanan, que había dejado de ser republicano para convertirse en candidato presidencial por el Partido Reformista.

Por eso, venía preparado para escuchar toda una serie de discursos contra los inmigrantes y las minorías étnicas en su trigésima séptima Convención Nacional Republicana. Sin embargo, no fue así.

El Partido Republicano ha sido acusado de ser el club de los hombres blancos y de los ricos: uno de cada cuatro participantes en esta convención tenía, al menos, un millón de dólares bajo el colchón. Pero lo extraño, lo confuso, es que en el escenario de esta convención vi muchas caras negras e hispanas y escuché el español como si estuviera en México.

Claro, eso fue en el escenario.

En el piso de la convención todo era igual que siempre. De los 2 066 delegados sólo 73 eran hispanos. Y luego recordé que muchos de estos republicanos que tanto aplaudieron a los cantantes Vicente Fernández y Jon Secada eran los mismos que querían que desapareciera el español para convertir al inglés en el único idioma oficial de Estados Unidos. Baile de máscaras, dijeron sus críticos.

Además, desde el punto de vista periodístico, esta convención no ofrecía ninguna sorpresa. El candidato republicano a la presidencia, George W. Bush, ya había sido escogido, al igual que el candidato a la vicepresidencia, Dick Cheney, y su "plataforma política": antiaborto, contra los programas (de acción afirmativa) que benefician a negros e hispanos, contra los derechos de los homosexuales...

Nada nuevo bajo el sol.

Es decir, creía que estaba condenado junto con otros 15 mil periodistas y 4 500 invitados a perder el tiempo durante cuatro días y a someterme a una agotadora agenda de 400 fiestas y reuniones. No había noticias pero sí mucha parranda. Pero entonces apareció "P" y hubo algo que me sorprendió en esta convención.

Le dicen "P", se llama George P. Bush, tenía 24 años de edad, hablaba español bastante bien y estaba a punto de entrar a la escuela de leyes. No era un estadounidense cualquiera. "P" es el nieto del ex presidente George Bush, el bisnieto del senador Prescott Bush, el hijo del gobernador de Florida, Jeb Bush, y de la mexicana Columba Bush. Y como si esto fuera poco, era el sobrino del candidato presidencial George W. Bush, a quien ayudó intensamente en su campaña. Pero "P", por ser de origen hispano y ser moreno, había sido discriminado.

"He encontrado mucha discriminación en mi vida", me dijo George P. Bush en una entrevista. Y la afirmación me tomó desprevenido.

—¿A un Bush [al miembro de una familia política comparable a la de los Kennedy] lo han discriminado en Estados Unidos? —le pregunté.

—Cómo no —me dijo—. Porque en nuestra sociedad, desafortunadamente, la gente juzga por tu color de piel; he encontrado discriminación toda mi vida, en todas partes del país.

—Pero ¿cómo te han discriminado? —insistí.

—Con frases como *wetback* (espalda mojada/indocumentado) y frases feas como *tar baby* (bebé de chapopote o petróleo), [son cosas] que la gente le dice a los latinos —me contestó, sin perder la compostura.

George P. Bush había sido comparado con el cantante puertorriqueño Ricky Martin y la revista *People* lo puso en la lista de los más sexys de Estados Unidos. Pero el público norteamericano supo de él, por primera vez, en la Convención Nacional Republicana de 1988, en Nueva Orleáns, cuando su abuelo —el entonces presidente George Bush— lo presentó, junto a su hermano y hermana, como los "morenitos" *(the little brown ones).*

Algunos hispanos se sintieron ofendidos con el calificativo de "morenitos". Pensaron, al menos, que era una falta de sensibilidad del ahora ex presidente con los latinos. Pero no "P". "Es algo que me encanta, esta piel morena", me dijo con una sonrisa. "Tengo orgullo de mi color; no es algo ofensivo."

Si algo había diferenciado a "P" de jóvenes de su edad no era su color de piel sino su identidad multicultural, su bien desarrollado instinto político y su intensa ética de trabajo. Se consideraba "mexicano y americano", visitaba frecuentemente León, Guanajuato (la ciudad donde nació su madre), pasó el verano del 2000 en la ciudad de México en una firma de abogados y dio clases a niños hispanos pobres en Homestead, en el sur de Florida, mientras sus compañeros se divertían en *jetskis* (motocicletas acuáticas) y en discotecas. Y según su propio conteo, había dado "miles" de entrevistas para apoyar la campaña presidencial de su tío.

Él era, de alguna manera, la nueva cara del Partido Republicano. Y era una cara morena. Pero la cara de "P" —como cualquier otra cara morena en Estados Unidos— había sido discriminada y rechazada por los más racistas.

Siempre lo he dicho: lo mejor de este país, sin duda, son las oportunidades económicas para todos; lo peor es el racismo. Y ni siquiera uno de los miembros de la familia política más poderosa de Estados

Unidos —la llamada dinastía Bush, según la revista *Time*— se había librado de esto. Había oído de racismo contra los Sánchez y contra los Pérez y contra los Rodríguez. Nunca contra los Bush.

Yo creía que no iba a aprender nada de la Convención Nacional Republicana en Filadelfia. Pero me fui con una terrible lección: que el racismo en Estados Unidos se sufre hasta en las mejores familias.

Los olvidados

Los Ángeles, California. Se olvidaron de nosotros. Nos dejaron como novias de pueblo: vestidos y alborotados. A la hora de la hora, los dos principales candidatos a la presidencia de Estados Unidos, el republicano George W. Bush y el demócrata Al Gore, se pusieron a hablar de otras cosas y nos dieron la espalda a los hispanos.

No, no es que no nos interesara lo que pensaban hacer con los programas de salud y con las escuelas y con el fondo de retiro del seguro social. Claro, todos esos son temas que afectan directamente a los 35 millones de latinos que vivimos en Estados Unidos. Pero además de esos temas, había otros —muy específicos— que los candidatos ni siquiera se atrevieron a mencionar en la campaña y que afectaban enormemente a los hispanos.

La verdad es que al principio de la campaña presidencial todos nos fuimos con la finta. Creíamos que, efectivamente, este año los dos candidatos sí nos iban a hacer caso a los latinos. Champurreaban sus palabritas en español, daban entrevistas a los medios de comunicación latinos y designaron a personas que mantuvieran un contacto constante con los hispanos. El flirteo parecía venir en serio. Incluso algunos llegamos a pensar: ahora sí, los candidatos quieren enamorar a los votantes hispanos. Pero —horror— nos equivocamos.

En los tres debates televisivos no hubo ni una sola mención, ni una, a algunos de los temas que preocupan específicamente a los latinos. Es decir, los dos candidatos tuvieron cuatro horas y media para decir cualquier cosa. Y nunca, nunca, quisieron meterse en esas aguas turbulentas.

Por ejemplo, los mexicanos, centroamericanos y colombianos estaban muy interesados en que se discutiera una amnistía migratoria para seis millones de inmigrantes indocumentados en Estados Unidos. Ni pío dijeron Gore y Bush. Los cubanos querían explorar nuevas formas de promover la democracia en Cuba para terminar con los 41 años de dictadura de Fidel Castro. *Nanai.* Y los puertorriqueños querían escuchar las posiciones de ambos candidatos sobre la controversial presencia de la Marina norteamericana en la isla de Vieques y sus opiniones respecto al deseo —y derecho— de dos millones 400 mil personas en Puerto Rico de votar en elecciones presidenciales. Y nada, nada, nada.

"Esos temas no le interesan a la mayoría de los norteamericanos", me dijo el conocido columnista

George Will. Y quizá tenía razón. Pero si los candidatos presidenciales querían ganarse el voto de los hispanos a pulso, debieron haberse arriesgado más.

¿Por qué los candidatos presidenciales prácticamente ignoraron los asuntos que afectan en especial a los hispanos? Bueno, primero porque pronunciarse respecto a temas como la amnistía migratoria, Cuba y la presencia de la Marina en Vieques pudiera haberles costado muchos votos en otras partes del país. Eran, lo reconozco, temas muy polémicos e impopulares, sobre todo el de la amnistía.

Pero la segunda razón —y quizá la más importante— por la que Gore y Bush nos ignoraron olímpicamente era porque los hispanos no hemos logrado transformar nuestras enormes aportaciones económicas y nuestra extraordinaria influencia cultural en poder político.

Los hispanos somos más del 10 por ciento de la población y deberíamos tener, al menos, el 10 por ciento de los puestos de elección popular. Sin embargo, no tenemos ni un senador hispano ni un gobernador hispano. Eso debe ir cambiando con el tiempo. No veo lejano el día en que, por poner un caso, el gobernador de California y el alcalde de esta ciudad de Los Ángeles sean de origen hispano.

La realidad, la triste realidad, es que Gore y Bush no nos hicieron tanto caso en la pasada campaña electoral porque los latinos, a pesar de nuestra creciente e inequívoca presencia, no somos lo suficientemente poderosos en materia política. Todavía no lo somos.

Ya lo ven. Que ambos candidatos supieran decir "hola, amigos" en español nunca fue suficiente. Nunca. Finalmente, los latinos votaron de manera tradicional. No hubo grandes olas. Gore obtuvo el 67 por ciento del voto hispano, Bush el 31 por ciento y Nader el dos por ciento.

Ahora bien, los hispanos en Estados Unidos no fuimos los únicos olvidados en los debates presidenciales y en la pasada campaña por la Casa Blanca. Los 400 millones de habitantes de América Latina no se merecieron ni siquiera un párrafo completo en los 270 minutos de debates presidenciales.

Eso no debió sorprendernos. Estados Unidos se preocupa por Latinoamérica en ciclos: a veces nos abraza hasta asfixiarnos y otras ni siquiera se entera que compartimos el mismo continente. En el mundo —o más bien, mundito— que Al Gore y George W. Bush nos presentaron en los debates presidenciales, los latinoamericanos (y para tal caso los rusos y los chinos también) ni siquiera existimos.

Elecciones de ricos

Houston, Texas. Ya quisieran los políticos y candidatos presidenciales de cualquier otra parte del mundo haber tenido los problemas que tuvieron Al Gore y George W. Bush durante la campaña electoral. Mientras que el demócrata Gore y el republicano Bush discutían qué hacer con el dinero que le sobraba a Estados Unidos, el resto del planeta se debatía en cómo sobrevivir y darle de comer a todos sus habitantes. Es decir, Estados Unidos iba a tener unas elecciones de país rico. Es el único que yo conocía al que le sobraba el dinero. ¿Y cuánto le sobraba? Un montón. Más bien, una montaña de dinero. Para ser más específicos, se calculaba que entre el año 2000 y el 2004 iban a sobrar 4,600,000,000,000 dólares de su presupuesto (*4.6 trillion dollars*, le dicen en inglés o 4 billones 600 mil millones de dólares, en español). O sea que después de que Estados Unidos se gastara todo lo que necesita para su gobierno, su ejército, sus programas sociales, su ayuda al exterior y los extras, aún le quedarían unos 16,727 dólares para cada uno de sus 275 millones de habitantes.

Así, ambos candidatos estaban como niños en juguetería; no sabían qué hacer con tanto dinero.

Y los norteamericanos tenían un dilema envidiable. No sabían quién se gastaría mejor el dinero que sobraba. ¿Qué convenía más? ¿Recortar los impuestos como sugería Bush o pagar la deuda gubernamental e invertir en programas para los más necesitados como quería Gore? ¿Cómo se beneficiaría más la sociedad estadounidense?

Al final, el cuadragésimo tercer presidente de Estados Unidos sería escogido, no por su talla de estadista, sino por haber convencido al pueblo norteamericano de que él sí sabía qué hacer con tanto billete.

6. USA: votos preñados, computadoras tontas, jueces partidistas

La noche más larga

Miami. Otra vez. Nos volvimos a equivocar. No aprendimos bien la lección de Nicaragua. Y nos caímos en un hoyo negro en Estados Unidos.

Otra vez, los periodistas confiamos demasiado en las encuestas y nos ahorcamos con sus rollos de papel. En las pasadas elecciones presidenciales del martes 7 de noviembre del 2000 en Estados Unidos los periodistas le dimos la mano a las *exit polls* (o encuestas que se realizan a las afueras de las urnas) y nos quemamos.

No una sino dos veces.

Todos sabíamos que la contienda electoral entre los candidatos presidenciales, Al Gore, del Partido Demócrata, y George W. Bush del Republicano podría ser una de las más reñidas de Norteamérica. Pero a pesar de eso no tomamos las precauciones necesarias. En una elección tan cerrada nos debimos haber concentrado en resultados, no en predicciones o proyecciones. Ése fue nuestro error. Jugamos al *pitoniso* y nuestra credibilidad quedó manchada en el intento.

La noche del martes 7 de noviembre será recordada como una de las más tristes en la historia de los medios de comunicación de Estados Unidos. En dos ocasiones la embarramos. *Big time.* Les cuento.

Eran por ahí de las ocho de la noche hora del este (de Estados Unidos) cuando todas las cadenas de radio y televisión del país, tanto en inglés como español, declararon que el vicepresidente Al Gore era el ganador del estado de Florida. Éste resultaría, con sus 25 votos electorales, el estado clave para llegar a la Casa Blanca. Por lo tanto, darle a Gore Florida era casi como darle la presidencia.

Pero después de las nueve de la noche, tras las insistentes quejas y solicitudes de revisión por parte de la campaña de George W. Bush, ocurrió lo impensable. Una por una, las estaciones de radio y televisión con más recursos económicos de todo el mundo —es decir, las estadounidenses— empezaron a retractarse de su información. Que siempre no, que las encuestas en que basamos nuestra declaración inicial no son confiables, que no podemos decir con certeza que Gore ganó Florida, que probablemente nos aceleramos, que la contienda está muy cerrada. Perdón.

Error número uno.

Nunca antes los medios de comunicación de Estados Unidos habían tenido que reconsiderar un resultado al aire. Nunca. La mayoría de las cadenas radiofónicas y televisivas reciben su información de las encuestas a las salidas de las urnas de una organización, Voter News Service (VNS), que a lo largo de los años se ha ganado una merecida reputación de infalibilidad y precisión. Pero la noche del 7 de noviembre esa organización aparentemente se equivocó y, como la fábula del flautista, todos la seguimos y caímos al mar.

El segundo error fue mucho más grave. A las dos de la mañana con 16 minutos, ya del miércoles 8 de noviembre, volvimos a caer en el mismo lugar, de nuevo usando información incompleta y mal analizada. Ahora el favorecido era el gobernador de Texas, George W. Bush. Pero no sólo lo estábamos declarando ganador del estado de Florida sino que también lo coronábamos como el vencedor de las elecciones presidenciales.

¡Miércoles!, por no decir otra cosa.

El segundo error tuvo tales repercusiones que los seguidores de Bush en Austin, Texas, se pusieron a celebrar mientras que los de Gore en Nashville, Tennessee, empezaron a llorar la gota gorda. Y no sólo eso. El propio Al Gore, creyendo que tantos medios de comunicación no podían estar en un error, habló por teléfono con George W. Bush para reconocer su derrota.

Es más, Gore estuvo a minutos de pronunciar un discurso a nivel nacional aceptando el triunfo de Bush. Pero uno de sus asistentes lo detuvo con un reporte sorprendente: las proyecciones que daban al gobernador de Texas como ganador podían estar equivocadas.

Los resultados parciales mostraban una contienda increíblemente cerrada. Gore volvió a llamar a Bush, se disculpó y dijo que aún no podía reconocer públicamente el triunfo del texano.

Y todo porque quienes trabajamos en los medios de comunicación olvidamos algo básico: que en unas elecciones lo que realmente cuenta son los votos, no las encuestas o *exit polls*. Por eso hicimos un papelazo. Locutores radiales gritaron por todo lo alto el nombre del presidente electo de Estados Unidos, conductores de noticieros presentaron la biografía del nuevo inquilino de la Casa Blanca, los titulares de algunos diarios no podían ser más claros: "Bush *wins*", Bush gana.

Pero todo fue un error de cálculo. A las cuatro de la mañana con seis minutos del miércoles, el portavoz de la campaña de Gore, William Daley, declaró que las encuestas que ponían a Bush como ganador —y que fueron ampliamente difundidas por los medios— eran aún muy prematuras. Y a las cuatro y 27 del mismo día Don Evans, portavoz del gobernador de Texas, lo confirmaba: Bush sí llevaba una ventaja de 1 210 votos en Florida pero todavía no era definitiva.

El resto, como dicen por ahí, es historia.

Es cierto que Estados Unidos tiene un sistema de conteo electoral anticuado y barroco. Funcionaba bien hace dos siglos, pero no ahora en la época de los celulares, satélites y la internet. Pero eso no era justificación para que los reporteros olvidáramos que nuestra labor fundamental, la de pico y piedra, es dar información verídica, confirmada, precisa.

En fin, creí que habíamos aprendido la lección de las elecciones presidenciales de Nicaragua en 1990 cuando los periodistas, en su gran mayoría, pronosticamos un triunfo del sandinista Daniel Ortega —basados, claro, en encuestas— para luego rectificar, ya con los resultados en la mano, y reconocer el triunfo de Violeta Barrios de Chamorro. Pero no. Volvimos a tropezar con la misma piedra. Y esta vez, tengo que decirlo, duele más. Mucho más.

El martes 7 de noviembre fue la noche más larga del periodismo norteamericano.

Presidente por error

Los estadounidenses estaban aterrados ante la posibilidad de que su nuevo presidente llegara a la Casa Blanca por error o con trampas. Cualquiera de los dos casos dejaría a un mandatario con serios problemas de legitimidad.

La democracia se basa, fundamentalmente, en una firme convicción: gobierna quien obtiene el mayor número de votos. Y la democracia norteamericana —la más antigua del mundo— había perdido el balance temporalmente porque sus ciudadanos, de verdad, no sabían a ciencia cierta quién era el candidato que había obtenido más votos en Florida. Y quien ganara Florida, de acuerdo con el arcaico sistema de votos electorales, ganaba la presidencia.

Así de sencillo. La crisis —electoral, política, constitucional— que enfrentaron los norteamericanos se basó en que probablemente nunca sabremos quién consiguió con plena legalidad más votos en el estado de Florida. Los recuentos, electrónicos y a mano, lejos de despejar nuestras dudas acrecentaron las sospechas de que algo estaba fallando. Y no importaba de qué lado se viera el problema, demócrata o republicano: la sensación de que las cosas no estaban bien permeaba a toda la sociedad norteamericana.

Escoger a un presidente por error sería una verdadera tragedia para Estados Unidos. Así surgieron dos escenarios. Si después de todos los conteos y recuentos el gobernador de Texas, George W. Bush, era declarado como ganador, sus opositores demócratas denunciarían que llegó a la Casa Blanca por error. (De hecho, eso fue exactamente lo que sugirió, en varios discursos, el ex presidente Bill Clinton antes de dejar la Casa Blanca.)

El Partido Demócrata y la campaña de Al Gore estaban convencidos de que más personas en Florida salieron de sus casas el martes 7 de noviembre con la intención de votar por el vicepresidente. Además, pensaban que un error en el diseño de la confusa boleta electoral del condado de Palm Beach ocasionó que miles acabaran votando por otro candidato —Pat

Buchanan— o anulando su voto por marcar más de una selección presidencial.

El otro escenario era igualmente dramático y pesimista. Supongamos que al final de todo, Al Gore es declarado ganador del estado de Florida. Si Gore era declarado ganador, sus opositores republicanos denunciarían que el vicepresidente llegó a la Casa Blanca con trampas porque nadie tiene el derecho de votar dos veces (aunque se haya confundido al votar la primera vez) o de hacer recuento tras recuento hasta que el resultado final sea de su agrado.

En cualquiera de los dos escenarios —Bush como ganador o Gore como ganador—, quien perdía legitimidad era la presidencia de Estados Unidos. A menos, claro, que la Corte Suprema de Justicia de Estados Unidos avalará el proceso de selección del ganador.

Estados Unidos pasó muy rápidamente de la indecisión e incertidumbre previa a las elecciones, a ser un país dividido por el voto, hasta convertirse en una nación polarizada donde la mitad de la gente no entendía ni aceptaba los argumentos de la otra mitad. Escaseaban las voces que sugerían calma y moderación, destacándose los gritos que pedían empujones y sombrerazos. Los resentimientos eran tan grandes que había llamados en ambos partidos para boicotear la toma de posesión del 20 de enero del 2001 si quien llegara a la Casa Blanca era el contrincante.

Nunca pensé ser testigo de algo así en Estados Unidos. Pero al final, estaba convencido, la democracia norteamericana aguantaría esto y mucho más. Se tendría que ajustar a su nueva realidad.

Por principio, era urgente modernizar el anticuado sistema electoral norteamericano. Lo que servía en 1787 —cuando fue establecido— era obsoleto en el siglo XXI. El colegio electoral ya estaba agotado y debería quedarse en los libros de historia. Para evitar problemas de legitimidad en un futuro, el ganador de una elección presidencial debería ser quien obtuviera más votos a nivel popular y punto.

Y también era fundamental cambiar el día de votación: que fuera en sábado y/o domingo. Los martes —el día tradicional de las elecciones en Estados Unidos— la gente trabaja, está ocupada, tiene otras cosas en la cabeza. Sólo unos 105 millones de votantes —en una nación de 275 millones— fueron a las urnas el martes 7 de noviembre. Si más gente hubiera salido a votar, otro gallo cantaría; no habría dudas sobre quién realmente se merecía la presidencia.

Computadoras que no saben contar

Lo veía y no lo podía creer. Exactamente dos semanas después de las elecciones presidenciales del martes 7 de noviembre, la Corte Suprema de Florida estaba decidiendo cómo contar los votos en ese estado. Increíble. Eso es algo que se debió haber discutido hace dos años o, incluso, hace dos décadas cuando las computadoras modificaron el panorama electoral de Estados Unidos. Pero discutir cómo y qué votos contar dos semanas después de una elección era absurdo.

Esto es algo que uno esperaría en América Latina, no en Estados Unidos, la democracia más antigua y el país tecnológicamente más avanzado del mundo. Sin embargo, pasó aquí. ¿Por qué? Bueno, para ponerlo en palabras muy sencillas, porque los norteamericanos se equivocaron en basar su sistema electoral en unas computadoras tontas. Así es. Las computadoras que se usan en la mayor parte de Estados Unidos para contar los votos son tontas, viejas e imprecisas. No saben medir la intención de los votantes. Sólo saben contar hoyitos, bien perforados en una boleta electoral, donde pueda pasar la luz. Si el voto no está perfectamente perforado por el punzón y no pasa la luz, las computadoras no lo leen. Son tontas. Muy tontas.

Y ésta es precisamente la razón por la que hubo tanta confusión en los conteos de votos en Florida. Hubo miles de votos que las computadoras no pudieron leer. Por eso se solicitaron los recuentos manuales en los condados de Palm Beach, Broward, Miami-Dade y Volusia. Porque las computadoras decían que muchas personas no habían votado por ningún candidato a la presidencia y luego, cuando se revisaban manualmente esos votos durante el recuento, resultaba que el votante sí había escogido a uno de los dos principales candidatos a la presidencia: Al Gore o George W. Bush.

El problema era que estos votantes no habían perfora-
ron perfectamente sus boletas electorales y sólo le habían hecho una hendidura, una burbuja o "pancita".

Esto generó todo un nuevo lenguaje: votos preñados,
votos semiembarazados, votos con papelitos colgan-
tes, votos abultados, votos rasgados, votos con un
minihoyito, votos con dos minihoyitos... La tragedia,
entonces, era que el cuadragésimo tercer presidente
de Estados Unidos sería escogido, no por ganar los
cruciales 25 votos electorales de Florida, sino por haber convencido a todo un batallón de jueces, abogados y asesores políticos sobre cuáles votos contar y
cuáles rechazar.

Durante esos días después de la elección, la sospecha generalizada era que en Florida nadie sabía contar. Irónicamente, los norteamericanos hubieran
aprendido mucho del sistema electoral que permitió al
opositor Vicente Fox llegar a la presidencia en México el 2 de julio del 2000.

Es un sistema que fiscalizaba y supervisaba cada
paso de la elección. En México los votos fueron contados, recontados y corroborados por los representantes de los partidos políticos en cada casilla
electoral. Y todo fue organizado a nivel nacional por
un instituto autónomo e independiente (el IFE). Así
era muy difícil equivocarse. Nadie quería que el PRI
fuera a realizar otro de sus acostumbrados fraudes en
México. Los norteamericanos, en cambio, se saltaron todos esos tediosos pero necesarios pasos y echa-

ron sus votos ciegamente en una máquina tonta. Error. Grave error.

Estados Unidos —y es importante decirlo— no estuvo viviendo en un caos. Su sistema electoral se fracturó, es cierto, por depender demasiado en computadoras con márgenes de error inaceptables en unas elecciones tan cerradas. Pero la democracia norteamericana se sostuvo.

La vida en Estados Unidos no se paralizó ni hubo tanques en las calles: los bancos y las escuelas y las oficinas y los aeropuertos funcionaron normalmente. El Ejército, la Marina y la Fuerza Aérea estadounidense nunca fueron puestos en estado de alerta roja. En otros países estas irregularidades electorales podrían haber provocado disturbios violentos y hasta una revolución. Aquí no.

Un periódico italiano comparó estúpidamente a Estados Unidos con una "república bananera" y el dictador Fidel Castro aseguró que "la democracia de Cuba era 10 veces mejor que la de Estados Unidos". Ésas eran bobadas. Lo que ocurrió en Estados Unidos no fue un fraude y Cuba, donde no ha habido elecciones multipartidistas en más de cuatro décadas, no tenía nada que enseñarle a los norteamericanos ni a nadie sobre cuestiones electorales.

Pero si de algo podíamos acusar a Estados Unidos era de arrogancia democrática. Esta nación —con instituciones tan sólidas, un balance de poder envidiable y recursos suficientes como para tener el sistema de votación más moderno del planeta— se olvidó de asegurarse por todos los medios posibles de que cada voto contara. Le dejó la tarea de la democracia a unas computadoras que no saben contar bien. Ésa fue la equivocación.

Brasil, por ejemplo, utilizó en sus pasadas elecciones unas máquinas parecidas a los cajeros automáticos (o ATM). Cien millones de brasileños marcaron digitalmente sus votos en 186 mil máquinas electorales y nadie se quejó. Esas computadoras inteligentes, al igual que los cajeros automáticos, le preguntaron a los votantes al final del proceso si estaban seguros de sus decisiones. Con un sistema así, miles de residentes de Palm Beach en Florida se hubieran enterado, antes de salir de las urnas, de que estaban votando por el racista Pat Buchanan en lugar de hacerlo, como deseaban, por Al Gore.

¿Qué más se puede pedir? ¿Por qué Estados Unidos no invirtió más dinero en un sistema a nivel nacional, independiente de todos los partidos políticos, encargado de realizar elecciones transparentes y libres de errores? Los estadounidenses se durmieron en sus laureles.

De esta bronca en Estados Unidos nadie saldrá bien parado. Y todo por no haberse puesto de acuerdo, antes de las elecciones, sobre cómo contar bien los votos.

¿Quién ganó?

Tal y como lo había establecido la Corte Suprema de Florida, el domingo 26 de noviembre del 2000 a las cinco de la tarde era la nueva fecha límite para recibir los conteos de votos de los 67 condados del estado. Y así fue.

Sin dar ni un segundo más de tiempo, la secretaria de Estado de Florida, Katherine Harris, declaró como ganador al gobernador George W. Bush de los 25 votos electorales de ese estado. Harris —una republicana acusada de actuar de manera partidista en todo el proceso— anunció que Bush tenía una ventaja de 537 votos sobre Al Gore. Ésta era una cifra corregida con los recuentos manuales; originalmente la ventaja de Bush sobre Gore había sido de 930 votos. Como quiera que fuera, Bush seguía a la cabeza.

Pero la cosa no paró ahí.

Bush, desde Austin, Texas, se declaró ganador ese mismo domingo por la noche. Tenía, por lo menos, una ventaja psicológica que quería aprovechar. Sin embargo, no hubo música, confeti ni celebraciones. Gore, a través de sus abogados, le hizo saber a toda la nación que no aceptaba dichos resultados y que impugnaría la elección. La fiesta tendría que esperar.

Gore estaba convencido de que si se hubiera llevado a cabo correctamente el recuento manual en varios condados de Florida, él hubiera sido el ganador.

Ante tantas diferencias, el caso estaba condenado a terminar en las cortes, muchas cortes.

Para el miércoles 29 de noviembre el asunto de las elecciones se discutía en 10 cortes: la Corte Suprema de Justicia de Estados Unidos, la Corte Suprema de Florida, la Corte Federal de Apelaciones del decimoprimer circuito, la Corte de Circuito del condado de Leon en Tallahassee y las cortes de los condados de Seminole, Polk, Okaloosa, Orange, Hillsborough y Pasco. En total, contando los nueve jueces de la Corte Suprema de Estados Unidos y los siete de la Corte Suprema de Florida, había 24 jueces involucrados en decidir la elección del 7 de noviembre. Estaba claro que el próximo presidente de Estados Unidos sería escogido por jueces y no necesariamente por los votantes.

Pero fue en la Corte de Circuito del condado de Leon en Tallahassee donde se dio un golpe, aparentemente mortal, a la campaña de Gore. El vicepresidente había puesto una demanda para modificar e impugnar el resultado oficial de la elección. Argumentaba que no se habían contado todos los votos. Sin embargo, el juez N. Sanders Saul determinó que no encontró fraude o negligencia y que los demandantes no pudieron probar que las irregularidades que hubo modificaron el resultado final.

Gore, desde luego, no se quedó con los brazos cruzados. Apeló la decisión y el caso cayó de nuevo en la Corte Suprema de Florida. Y el viernes 8 de diciembre, poco después de las cuatro de la tarde, esa corte (en una decisión dividida: 4-3) hizo un anuncio sorpresivo: todos aquellos votos que las computadoras no registraron deberían ser anulados. Eran cerca de 45 mil votos en esas condiciones, suficientes para darle un triunfo a Gore. El argumento de la corte parecía contundente: estamos poniendo la voluntad del votante por encima de todo, dijeron los jueces en mayoría. El recuento comenzó el sábado por la mañana. Trece de los 67 condados floridanos pusieron a trabajar a todo su personal para terminar el recuento ese mismo fin de semana. Pero pronto vendría otra sorpresa.

A las dos y media de la tarde la Corte Suprema de Justicia de Estados Unidos, a solicitud de la campaña de Bush, ordenó suspender el recuento. Los cinco jueces conservadores se impusieron sobre los cuatro jueces liberales. Ni siquiera la máxima corte del país se libró de salir embarrada. "Todo es política, todo", concluí esa noche.

Lo malo para los demócratas no era sólo la decisión; lo peor del caso era el *timing*, como le dicen en inglés, es decir, el tiempo y las circunstancias. Aun si el argumento de que todos los votos deben ser contados ganaba en las audiencias del lunes, ya no habría tiempo suficiente para contar todos los votos antes del *deadline* o fecha límite del martes 12 de diciembre. Estados Unidos estaba dando uno de los pasos más polémicos de su larga democracia.

El martes 12 de diciembre, poco después de las 10 de la noche, se selló la suerte de Gore. En una votación eminentemente partidista (5-4) la Corte Suprema de Justicia de Estados Unidos declaró inconstitucional los recuentos manuales. Gore no tuvo más que hacer. El miércoles 13 a las nueve de la noche admitió su derrota, a pesar de declarar que no estaba de acuerdo con la decisión de la Corte Suprema. Y a las 10 de la noche, en un discurso ante la Legislatura del estado de Texas, George W. Bush se convirtió oficialmente en presidente electo.

El presidente accidental

Todo lo que podía salir mal en las pasadas elecciones en Estados Unidos, salió mal: las computadoras que debían contar los votos en Florida no contaron todos los votos; los recuentos manuales no se terminaron; 45 mil votos nunca fueron contados; las fechas límites se usaron como machete, no como punto de referencia; decenas de jueces se tardaron 36 días para encontrar una solución definitiva a la crisis electoral y cuando se halló una fue demasiado tarde, y los nueve jueces de la Corte Suprema de Justicia de Estados Unidos demostraron que son tan partidistas como el resto de los mortales. El próximo presidente del país gobernaría bajo la sospecha de que el verdadero ganador pudo haber sido su contrincante.

Es increíble, realmente, que esto haya ocurrido en la democracia más antigua del mundo. Pero los norteamericanos se confiaron, *they took for granted* (dieron por sentado) su democracia (perdón por el *espanglish*) y descuidaron los *checks and balances* (equilibrios y revisiones) que durante más de dos siglos les permitieron construir un sistema político ejemplar. Ahora tendrían que ver con un ojo afilado todos los errores que cometieron para no repetirlos.

El principal error que se cometió en las pasadas elecciones es que el presidente norteamericano no es, necesariamente, el que ganó más votos; ni en Florida ni en todo el país. El problema es que nunca sabremos realmente quién ganó porque los jueces de la Corte Suprema de Justicia de Estados Unidos suspendieron el recuento de miles de votos. Fue como taparse los ojos y decir: no quiero saber quién obtuvo más votos. La democracia se basa en dos sencillos principios: 1) Todos los votos cuentan y 2) Gana el que obtenga más votos. Bueno, esos dos principios fueron puestos en duda en las pasadas elecciones norteamericanas.

"Mi voto no contó", me dijo un desconsolado elector, luego de conocer la decisión final de la Corte Suprema de Justicia de Estados Unidos, declarando inconstitucional los recuentos manuales. "Cinco viejitos eligieron al nuevo presidente."

Se refería a los cinco jueces conservadores de la Corte (Rehnquist, O'Connor, Scalia, Kennedy y Thomas) que impusieron su mínima mayoría sobre los cuatro más liberales (Breyer, Ginsburg, Souter y Stevens). Según una encuesta de la cadena NBC, 53 por ciento de los norteamericanos creían que los jueces no actuaron de manera independiente. Es decir, la percepción generalizada de los estadounidenses era que los jueces tomaron partido y violaron la credibilidad y confianza que se había depositado en ellos.

El juez John Paul Stevens lo dijo mejor que nadie: "Aunque tal vez nunca sabremos con absoluta certeza la identidad del ganador de las elecciones presidenciales de este año, la identidad del perdedor es perfectamente clara: es la confianza de la nación en el juez como un imparcial guardián de las leyes".

Si esto hubiera ocurrido en otro país de África, Asia o América Latina habría llamados internacionales para anular los resultados electorales. Votos sin contar, jueces que se embarran en política y la sospecha de que el perdedor es (en realidad) el ganador hacen una receta casi infalible para denunciar un fraude. Pero lo que ocurrió en Estados Unidos no fue un fraude. En ningún momento se descubrió una intención de modificar ilegalmente el resultado. Lo que ocurrió fue un error tras otro tras otro tras otro... pero no un fraude electoral.

No quiero ni imaginarme el escenario cuando algún día se cuenten todos, absolutamente todos los votos (gracias al *Freedom of Information Act,* es decir, la Declaración de la libertad de información) y nos demos cuenta que la Casa Blanca pudiera estar ocupada por la persona equivocada. O sea que Estados Unidos podría tener un presidente accidental; un candidato que ganó por accidentes en el conteo de votos, en el sistema legal... y en la mudanza. Todos perdieron un poco en los 36 días que siguieron a las elecciones del 7 de noviembre. Gore se quedó sin la presidencia. Bush se quedó sin legitimidad ni mandato. La Corte Suprema de Justicia de Estados Unidos perdió, de un trancazo, su credibilidad como un órgano imparcial. Y millones de norteamericanos perdieron la confianza ciega de que su voto contaría. La tragedia de las elecciones del 2000 es que nunca sabremos a ciencia cierta quién fue el verdadero ganador.

Las 11 lecciones de las elecciones

Independientemente de la turbulenta manera en que se escogió al actual presidente de Estados Unidos, hay por lo menos 11 lecciones que aprender de las elecciones presidenciales.

1) **No hay que confiar tanto en las encuestas.** Casi todos los periodistas nos quemamos en las pasadas elecciones por confiar más en las encuestas que en los resultados. Grave error. Por principio, la mayoría de las encuestas que se realizaron antes de las elecciones mostraban a George W. Bush por delante de Al Gore y, por supuesto, estaban

equivocadas; el vicepresidente obtuvo más de 337 mil votos que Bush a nivel nacional. Además, la terrible y vergonzosa labor de los medios de comunicación al pronosticar a Bush como ganador de las elecciones en la madrugada del miércoles 8 de noviembre tuvo su origen en que los reporteros le dimos, equivocadamente, más importancia a los *exit polls* (o encuestas a las afueras de las urnas) que a los resultados.

2) **La política se cuela donde la dejan.** La elección del 7 de noviembre fue decidida en la práctica por jueces, no por los votantes. Y los jueces de la Corte Suprema de Justicia, contrario a lo que supone su puesto, tomaron partido. Los cinco conservadores estuvieron a favor de detener el conteo —¿acaso no querían saber quién obtuvo más votos?, ¿no tenían, al menos, un poquito de curiosidad?— mientras que los cuatro más liberales hubieran deseado que siguiera adelante el recuento manual.

3) **Todo cuenta en una elección.** El descubrimiento de que Bush había sido detenido por manejar borracho en 1976 a sólo cuatro días de las elecciones sí tuvo un efecto negativo en su campaña. La ligera ventaja que llevaba sobre Gore desapareció el martes 7. En parte eso ocurrió porque pocos creyeron su explicación de que ocultó la información para no darle un mal ejemplo a sus dos hijas. En

una elección tan cerrada todo cuenta; desde las exageraciones del vicepresidente Gore de que inventó la internet hasta los vacíos intelectuales de Bush quien no sabía los nombres de los primeros ministros de la India y Paquistán.

4) **Las elecciones son también un referéndum sobre el presidente en turno.** Por más que intentó Al Gore de alejarse del presidente Bill Clinton, al final no lo logró. Millones de norteamericanos no votaron por Bush sino en contra de la administración Clinton-Gore. El mayor periodo de prosperidad económica en la historia de Estados Unidos debió haber sido suficiente para garantizar el fácil triunfo de Gore y cuatro años más de los demócratas en la Casa Blanca. Pero no fue así. El voto anti Clinton fue muy significativo; el martes 7, millones no pudieron olvidar que un vestido azul de Mónica Lewinsky quedó manchado con semen presidencial durante un revolcón en la Casa Blanca.

5) **Elián González afectó el voto final en Florida.** En 1996 Bill Clinton ganó el condado de Miami-Dade con una ventaja de 117 mil votos. En cambio, Gore sólo lo hizo con una ventaja de 39 mil votos en estas elecciones. ¿A dónde se fueron esos votos que Clinton obtuvo y Gore perdió? Se fueron con George W. Bush. Él obtuvo 60 mil votos más de cubanoamericanos en Florida que Bob Dole

en 1996, según un análisis del diario *The New York Times*. "Remember Elian" se convirtió en un grito de guerra, ya que la mayoría de los cubanoamericanos no le perdonan a la administración Clinton-Gore la forma en que sacó a Elian de la casa de sus tíos en la Pequeña Habana. Sin el voto de los latinos, Bush hubiera perdido Florida y la Casa Blanca.

6) **Ralph Nader fue el aguafiestas de los demócratas.** Otra persona que también le arrancó miles de votos a Gore en Florida fue el candidato del Partido Verde, Ralph Nader. Si Nader hubiera renunciado a su candidatura, como muchos demócratas le rogaron, Gore se hubiera podido declarar presidente electo de Estados Unidos el martes 7 a las siete de la noche. Nader le aguó la fiesta a los demócratas.

7) **El aumento en el voto hispano no significó más congresistas pero sí más representación.** Este año se registraron un millón más de votantes latinos que en 1996. Hubo 7 millones 700 mil votantes hispanos registrados. Sin embargo, el número de congresistas de origen latinoamericano se mantuvo fijo en 19 en la Cámara de Representantes. Entonces ¿todo fue inútil? Desde luego que no. Cada vez los hispanos tienen más representación a nivel local y estatal. Ahora, en la Asamblea esta-

tal de California uno de cada cuatro asambleístas es hispano.

8) **Los puertorriqueños de la isla deben exigir que los dejen votar en elecciones presidenciales; es su derecho.** Nunca como ahora quedó constatada la enorme injusticia que sufrieron los dos millones 400 mil puertorriqueños que viven en la isla y a quienes se les prohibió votar en las elecciones presidenciales. Esos votos hubieran ayudado a escoger al próximo mandatario norteamericano. Además, es increíblemente injusto que los puertorriqueños no puedan votar por la persona que más va a afectar su destino político. El nuevo presidente de Estados Unidos tendrá que enfrentar el siempre presente debate sobre el estatus político de Puerto Rico y la incomodísima y muy mal vista presencia de la Marina en Vieques.

9) **Hillary Clinton es la demócrata más influyente del país.** Les guste o no, Hillary Clinton —con su contundente triunfo sobre el republicano Rick Lazio— se convirtió en la demócrata más importante de Estados Unidos. E independientemente del futuro político de Al Gore, a nadie debería sorprenderle que la senadora Hillary Clinton se lance en su momento a la presidencia.

10) **La democracia norteamericana aguanta cualquier cosa.** Los que quieren ver en las complicaciones para escoger al próximo presidente una señal de debilidad política de Estados Unidos se equivocan. En un país tan democrático como Estados Unidos, quien gobierna en realidad no tiene tanto poder. El sistema de balances funciona y para muestra valga decir que la nación no se congeló —económica o socialmente— mientras se buscaba a un nuevo inquilino para la Casa Blanca, aun cuando el presidente en turno, Bill Clinton, andaba de gira por Brunei, Vietnam e Irlanda.

11) **Cada voto es importante.** Alrededor de 105 millones de norteamericanos votaron en las pasadas elecciones. Pero 100 millones que tenían la posibilidad de hacerlo —y que estaban registrados para votar— se abstuvieron. Esos 100 millones se deben estar dando palos en la cabeza. Y ojalá les duela. Su voto —el de sus familiares, amigos y compañeros de trabajo— hubiera podido decidir esta elección. Así de cerrada estuvo la cosa. De cualquier manera, estas elecciones han sido una extraordinaria lección de civismo, tanto dentro como fuera de Estados Unidos. Porque si algo hemos aprendido de todo esto es que cada voto, de verdad, es importante.

7. En el tren con George W. Bush

La primera entrevista: el gobernador

Austin, Texas. Entró cojeando al salón. Cada paso le dolía. No era para menos. Tres días antes de nuestra primera entrevista, en noviembre del 99, un camión sobrecargado se salió de la calle y casi atropella a George W. Bush cuando éste se encontraba trotando. Él tuvo que saltar para evitar ser arrollado. Además del susto, como muestra del accidente estaban los moretones en la cadera y pierna derecha.

Uno de los guardaespaldas que lo acompañaban terminó en el hospital. "Si hubiera pasado 10 segundos más tarde por ese mismo lugar, ahora estaría en una silla de ruedas", me dijo el gobernador de Texas. Desde lejitos uno podría decir que "W" —como le dicen algunos para diferenciarlo de su padre, el ex presidente norteamericano George Bush— ha sido un hombre con suerte. El apellido, no hay duda, le había ayudado a ser conocido en todo el país. Pero este reconocimiento a nivel nacional había atraído la atención a temas que él hubiera preferido mantener en secreto. "W" —de 53 años de edad— había dicho que en una época tuvo se-

141

rios problemas con el alcohol, pero que llevaba 13 años sin probar gota. En el momento de la entrevista, aún no se había descubierto que Bush fue arrestado en 1976 por conducir en estado de ebriedad. Tenía 0.10 por ciento de alcohol en la sangre, el límite legal en el estado de Maine, donde fue detenido por hora y media y luego liberado con una fianza de 500 dólares. De acuerdo con sus críticos, Bush es un vividor arrepentido. Eso no es todo. Ante la pregunta de que él haya utilizado mariguana o cocaína alguna vez en su vida, lo más que está dispuesto a admitir es que no ha usado drogas en los últimos 25 años. Según él, debe haber un límite bien marcado entre la vida privada y la vida pública de los candidatos presidenciales... y los periodistas no deben cruzar esa línea.

A pesar de su pasado, la mayoría de los texanos consideraba —según las encuestas— que Bush había realizado un buen trabajo en sus dos periodos como gobernador. Nada mal para un joven que sacaba C's (o 7 en la escala de 10) cuando iba a la Universidad de Yale. Más que un intelectual, "W" parecía un ser eminentemente social. Es el típico amigo con el que daría gusto salir de parranda y confiarle tus pecados.

Ciertamente no todo ha sido color de rosa para "W". El mismo día que lo entrevisté, otro reportero de Boston le hizo un cuestionario sobre los principales líderes del mundo: ¿quién es el primer ministro de la India?, ¿cómo se llama el general golpista que gobierna Paquistán?... Al final, "W" fue reprobado.

Quedó claro que no sólo no sabía sus nombres, sino que ni siquiera estaba familiarizado con crisis internacionales como la de Chechenia —la provincia rusa que busca independizarse del resto de la nación—. Fue un día de fiesta para sus contrincantes, tanto del partido demócrata como del republicano.

Lo que sí recordaba "W" ese día era el cumpleaños de su esposa Laura. Y también recordaba perfectamente la pronunciación correcta de dos de los presidentes latinoamericanos con los que se había reunido: Ernesto Zedillo de México y Andrés Pastrana de Colombia.

Esta primera entrevista la realizamos, fundamentalmente, en inglés, y de vez en cuando saltamos al español. Sin embargo, hubo partes en las que incursionamos en las tierras movedizas del *espanglish*. Las partes en *cursivas* son las que pronunció el gobernador en español.

Jorge Ramos: Veo que habla español.

George W. Bush: *Puedo hablar un poquito pero no quiero destruir un idioma muy bonito. Por eso voy a hablar un poquito en español, pero mucho en inglés.*

J. R.: ¿Dónde aprendió español?

G. W. B.: *Aquí en Texas. Hay mucho mexicoamericanos que viven aquí... También en Junior High* [secundaria] *estudié español. Es un idioma muy grande y muy im-*

portante en este país. Y también, en mis news conferences, hay personas que dicen: "En español, por favor, gobernador".

J. R.: *(El día anterior a la entrevista dos personas habían sido asesinadas en Seattle, y dos días antes, siete fueron masacradas en Honolulu.) ¿Qué está pasando en este país?*

G. W. B.: Bueno, es una pregunta muy interesante. Mucho de lo que está pasando se encuentra en los corazones de la gente. No hay ninguna ley que te obligue a amar a los otros. Hay algunas personas que están enfermas y nuestra sociedad debe entender por qué es tan importante el ser un buen padre de familia.

J. R.: *Hay muchos niños que tienen miedo de ir a la escuela por hechos como el de la escuela Columbine [en el que murieron 15 adolescentes] y por incidentes de violencia en colegios de Estados Unidos. ¿Usted cree que esto está ligado directamente al uso de armas?*

G. W. B.: No. Yo creo que las pistolas sólo son una parte. Una pistola es lo que se usa. [La violencia] está directamente relacionada a los corazones. Tiene que ver con la falta de respeto a la vida… Así que es una combinación de varias cosas. Debemos tener leyes que le digan a la gente que si posee ilegalmente una pistola, serán responsables de eso… Pero es muy importante entender que muchas decisiones se toman independientemente de lo que diga la ley.

J. R.: Un portavoz del vicepresidente Al Gore dijo recientemente sobre usted: "Cada vez que [George W. Bush] ha tenido que escoger entre la industria de las armas y los intereses de nuestros niños, él ha escogido a la industria de las armas". ¿Qué responde usted?

G. W. B.: Que es el típico caso de la política del viejo estilo. Así piensa la gente que vive en Washington. Ellos no quieren debatir las políticas; ellos quieren atacar a la gente y eso no lleva a nada.

J. R.: Señor gobernador, leí su discurso sobre la educación y noté que usted está a favor de la abstinencia sexual antes del matrimonio. Sin embargo, mucha gente cree que en un país en que niños de 14 y 15 años ya tienen relaciones sexuales, tiene más sentido darles clases de educación sexual y distribuir condones. ¿Cree usted que es muy ingenuo de su parte promover la abstinencia sexual en esta época?

G. W. B.: No, no lo creo. Creo que es realista explicarle a la gente que los programas de distribución de condones no han funcionado. A lo que me refiero es que más del 30 por ciento de los bebés nacen fuera del matrimonio. Hay una gran incidencia de embarazos entre adolescentes y para los que creen que el programa de distribución de condones ha funcionado, yo les digo: vean los resultados. Así que lo que dije en mi discurso fue que debemos gastar el mismo dinero en programas que promuevan la abstinencia sexual que lo que gastamos en otros programas de control de la natalidad.

J. R.: En su discurso sobre educación, hace unos días, usted nunca mencionó a los hijos de inmigrantes indocumentados en Estados Unidos. ¿Cree usted que el gobierno federal debe pagar por la educación de los niños indocumentados?

G. W. B.: Sí, sí lo creo. Porque la labor del gobierno federal es controlar la frontera y no han realizado un trabajo muy bueno en ese sentido.

J. R.: ¿[Hay que pagar por la educación de todos los niños] aunque sean indocumentados?

G. W. B.: Eso es correcto. Y déjeme decirle algo. Yo entiendo por qué los padres de estos niños están aquí: sus padres están aquí para poner comida en su mesa. La gente viene de México a todo Estados Unidos a trabajar. Los valores familiares no se detienen en la frontera. Padres y madres aman a sus hijos igual en México que en Estados Unidos. Y si tienes a un niño con hambre y buscas trabajo y sólo puedes conseguir

50 centavos de dólar en el interior de México o puedes obtener 50 dólares en el interior de Estados Unidos, tú te vas a venir a ganar aquí los 50 dólares si eres un padre trabajador y amoroso. Así que yo lo entiendo.

J. R.: ¿Está usted a favor de una amnistía general para todos los inmigrantes? Hay cerca de cinco millones de inmigrantes indocumentados.

G. W. B.: No por ahora. No por ahora. No lo haría.

J. R.: ¿Por qué?

G. W. B.: Porque quiero saber más al respecto y quiero estar seguro que entiendo todas las consecuencias. No estoy a favor de una amnistía ahora mismo. Pero de lo que sí estoy a favor es de asegurarnos que los programas que ya existen tomen en cuenta que la gente viene a buscar trabajo y que aquí hay gente que esta buscando trabajadores. Así que podemos combinar las dos cosas… Voy a escuchar, pero todavía tengo que ser convencido sobre la idea de una amnistía.

J. R.: Vamos a hablar un poco sobre América Latina. Usted se reunió con el presidente Andrés Pastrana y estoy seguro que sabe que las negociaciones de paz entre el gobierno y la guerrilla no han tenido ningún resultado. ¿Estaría usted dispuesto a enviar tropas norteamericanas a Colombia si la democracia estuviera en peligro?

G. W. B.: No en este momento. Tuve un buen encuentro con el presidente Pastrana y le pregunte cuáles eran sus planes para mantener el control. En dos aspectos: uno, dentro de su país, y el otro sobre las drogas y sus suministros. Él [Pastrana] es un luchador contra las drogas. Por lo menos ésa es mi impresión. Está interesado en ayudar a erradicar las drogas y Estados Unidos debe cooperar [con] Colombia... No tengo ningún problema con los paquetes de ayuda... Pero, de nuevo, tendría mucho cuidado en enviar tropas [estadounidenses] en este momento. Creo que el primer y más importante objetivo es ayudarle al presidente Pastrana a que entrene a sus propias tropas.

(La entrevista con Bush se realizó unos días antes de que el Partido Revolucionario Institucional (PRI) realizara, por primera vez, unas elecciones para escoger a su candidato a la presidencia de México. El tema era inevitable.)

J. R.: ¿Conoce usted el término "dedazo"? En México, de acuerdo con la tradición, el presidente en turno...

G. W. B.: ...escoge a su sucesor. Estoy muy familiarizado con eso...

J. R.: ¿Y qué piensa al respecto?

G. W. B.: Bueno, que está cambiando. Creo que el presidente [Zedillo] está reformando el sistema. Usted está hablando de cómo el candidato del PRI es escogido por el presidente. Creo que él ha cambiado eso. De verdad lo creo. Yo creo que ahora hay elecciones abiertas y unas [votaciones] primarias abiertas, mucho más que en el pasado. Y el presidente [Zedillo] me dijo: "Voy a hacer algo inusual". Y esto fue hace año y medio. Somos amigos. Fui [a México] con el presidente a la celebración del 5 de Mayo. Y antes de eso, en [la casa presidencial de] Los Pinos, [Zedillo] le pidió a todos que abandonaran el salón. Excepto yo. Y ahí estaba yo con el presidente de México —estábamos hablando de su futuro y mi futuro— y él dijo: "Voy a hacer algo diferente; voy a abrir al PRI a elecciones primarias".

J. R.: ¿Él le dijo eso hace año y medio?

G. W. B.: Eso hizo. Eso hizo... El presidente Zedillo es muy sabio porque él se da cuenta que unas elecciones primarias van a dominar el contenido de las noticias y que eso va a ayudar al candidato de su partido a salir más fuerte, no más débil.

J. R.: Los últimos 11 presidentes de México han sido del mismo partido. El PRI es el partido que más tiem-

po lleva en todo el mundo. ¿Cree usted que es tiempo para un cambio?

G. W. B.: Eso depende de la gente. En mi estado de Texas desde finales de 1800 hasta 1978 sólo hubo gobernadores demócratas. Y luego la gente hizo un cambio. Depende de la gente tomar esa decisión. Pero lo interesante acerca de México tiene que ver con la reforma política. [Zedillo] es un buen hombre; un hombre honesto, en mi opinión. Él es mi amigo. Es muy inteligente. Y tiene una buena visión para la economía. Confío en él y me cae bien.

J. R.: Señor Bush, hace unos días el gobernador de Illinois, George Ryan, visitó Cuba. Él insiste en que el embargo norteamericano contra la isla ha fracasado. ¿Acabaría usted con el embargo y le permitiría a ciudadanos estadounidenses visitar Cuba como turistas?

G. W. B.: Son dos temas distintos, pero yo mantendría el embargo.

J. R.: ¿Por qué?

G. W. B.: Con todo respeto a mi amigo el gobernador Ryan —quien está apoyando mi candidatura para presidente—, yo creo que necesitamos mantener la presión sobre Fidel Castro hasta que haya elecciones libres, hasta que los prisioneros sean liberados, hasta que haya libertad de expresión, libertad de culto, libertad que nosotros entendamos. La idea de llevar capital a Cuba se distorsiona por el hecho de que, para hacer eso, el gobierno de Cuba participa. Y eso es un hecho. Así que, en lugar de tener esta maravillosa noción de que la inversión de capital crea trabajos y libertad, el problema es que, debido al intermediario, se ayuda a fortalecer a un régimen represivo. [Y también] sería muy cauteloso en permitir los viajes a Cuba hasta que haya fuertes reformas a favor de la libertad.

J. R.: Hablando sobre Puerto Rico, ¿está usted a favor de que la Marina norteamericana detenga sus ejercicios militares en Vieques y se vaya para siempre de la isla?

G. W. B.: Sí, estoy de acuerdo con eso. Absolutamente.

J. R.: ¿Por qué?

G. W. B.: Porque esto se está convirtiendo en un asunto de orgullo nacional. Seguramente podemos encontrar otro campo de tiro. No he hablado con los militares al respecto; no estoy en la actual administración. Pero creo que es lo correcto.

J. R.: ¿Está usted de acuerdo con la detención del ex dictador Augusto Pinochet en Inglaterra y cree que debe ser juzgado en España?

G. W. B.: No sé suficiente al respecto. No soy abogado… No he seguido muy de cerca las implicaciones
legales del caso. Pero sí creo que Chile debe ser parte
de un mercado común… Creo que debemos estar co-
merciando con Chile, pero sobre la legalidad del caso
Pinochet no conozco suficiente al respecto.

*J. R.: Usted sabe que le tengo que preguntar sobre su
pasado…*

G. W. B.: Seguro, no me importa.

*J. R.: Usted ha dejado muy en claro que no quiere
hablar de ciertos temas de su vida privada. Ahora,
¿cree usted que nosotros como periodistas tenemos el
derecho de preguntarle sobre el uso de drogas a alguien, como usted, que pudiera estar a cargo de la
política antidrogas en la Casa Blanca?*

G. W. B.: Sí, usted puede hacer las preguntas y yo de-
cido si las contesto. Pero lo que no quiero que usted
haga es depender de rumores y chismes y la fealdad
que muchas veces prevalece en la política. Esto es lo que
pasa cuando alguien suelta un rumor y los periodistas
sienten que tienen que preguntar al respecto. Así que
yo he decidido no caer en este juego… Yo entiendo
que las drogas destruyen y lo voy a decir de manera
fuerte y clara: si tú usas drogas, va a ser muy difícil
que alcances el sueño americano.

J. R.: Usted ha dicho que ha cometido errores en el pasado. ¿Cree usted que es un error experimentar con cocaína y con mariguana cuando se es joven?

G. W. B.: Ya contesté la pregunta. Pero ve, usted, al hacer esa pregunta, está asumiendo automáticamente que yo hice algo. No hay evidencia. Mi pasado ha sido completamente investigado. Ya he dicho todo lo que voy a decir al respecto.

J. R.: Usted sabe que la gente quiere saber si usó cocaína.

G. W. B.: No, pero la razón por la que usted está haciendo esa pregunta es por los rumores y los chismes y no voy a jugar este juego y espero que la gente tampoco lo haga. Lo que la gente quiere saber es lo que pienso respecto a la educación o política exterior. Si seré duro con los criminales que violan la ley. Eso es lo que la gente quiere saber y escuchar.

J. R.: ¿No está usted preocupado de que, al evadir el tema, surja la percepción de culpabilidad?

G. W. B.: ...Es un juego y espero que los periodistas respetables no lo jueguen... Es un juego en la política y ojalá que nuestro país deje de jugarlo porque hay gente que no va a querer lanzarse a puestos públicos para evitar ser enlodados. Estoy estableciendo nuevos parámetros.

J. R.: Última pregunta. Cuando la gente piensa en usted, a veces es imposible no pensar en su padre (el ex presidente George Bush).

G. W. B.: Sí.

J. R.: ¿Cuál es el principal error que cometió su padre y que ha aprendido de él?

G. W. B.: Primero déjeme decirle algo: *yo tengo los ojos de mi padre, pero la boca de mi madre.* Tengo a mis dos padres en mí. Y estoy orgulloso de ser el hijo de George Bush. He heredado a algunos de sus amigos y a muchos de sus enemigos. Lo mejor que él ha hecho en su vida fue darme amor incondicional. Ése es un gran regalo. Y creo que políticamente el error más grande que él cometió fue decir: "Lee mis labios (no habrá aumento de impuestos)."

J. R.: Usted no va a decir lo mismo, ¿verdad?

G. W. B.: No lo voy a decir. Pero yo creo que la historia juzgará a [mi padre] por dos cosas: por haber sido un gran presidente y por haber sido un gran hombre.

La segunda entrevista: el candidato

En un tren entre Oxnard y Ventura, California.
George W. Bush me parecía muy relajado para ser al-

guien que tenía en sus manos la vida de un hombre. Estaba haciendo varias paradas de su campaña electoral en California, el 9 de agosto del 2000, montado en un tren y reía y saludaba a cuanto posible votante se le parara enfrente. Estuve junto a él durante varios minutos en el cabús del tren. Chiflaba. Alzaba los brazos. Gritaba y a veces se desbarataba en carcajadas. Se movía con la ligereza de un quinceañero. No parecía un hombre que cargaba el peso de quien toma decisiones de vida o muerte.

Pero así era.

En 12 horas un hombre sería ejecutado en la prisión de Huntsville, Texas, y George W. Bush ni se inmutaba. Él tenía la autoridad de posponer por 30 días la ejecución de Oliver David Cruz, un criminal convicto por violar y matar a una joven de 24 años en San Antonio. La brutalidad con que se realizó el crimen estaba probada. Pero el abogado de Cruz insistía en que su cliente era retardado mental y que en una de las pruebas para medir su inteligencia había sacado 63 puntos de IQ. Cualquier medida por debajo de 70 puntos de IQ es considerado retraso mental. Bush, sin embargo, no estaba dispuesto a posponer su ejecución.

"Estoy confiado de que él es culpable", me dijo el gobernador de Texas. "Tuvo pleno acceso a todas las cortes para determinar si era o no retrasado mental." Punto. *Next*.

George W. Bush quería hablar del cambio, no de ejecutados. Bush quería hablar sobre la nueva cara del

Partido Republicano. Bush quería decir que la época del ex gobernador de California, Pete Wilson —cuya proposición 187 estuvo a punto de quitarle escuelas y servicios médicos a niños indocumentados—, y del comentarista ultraderechista, Pat Buchanan —que llamaba "José" a todos los hispanos— quedó atrás.

Y en parte tenía razón. Nunca antes se habían visto tantas caras hispanas y escuchado tantas voces latinas en una convención del Partido Republicano como en Filadelfia (julio 31 al 3 de agosto), donde Bush fue designado oficialmente como candidato presidencial. Ahí el asambleísta de California, Abel Maldonado, pronunció un discurso totalmente en español. Ahí el cantante cubanoamericano, Jon Secada, bailó salsa. Ahí el ídolo mexicano Vicente Fernández fue invitado a entonar "Cielito lindo".

Me senté a platicar con George W. Bush, largo y tendido, en un lujoso y moderno carro del tren de Amtrack. Todo estaba listo: Coca-Cola con mucho hielo; le gusta morderlo. Corbata roja, ni fu ni fa. Camisa blanca sobre un estómago que amenaza con hacer un montecito. Traje gris. Barba de mediodía en quien se tuvo que rasurar antes del amanecer. Canoso pero con pelo. Ojos vivarachos, nariz aguileña, lengua rápida y afilada. Más de medio siglo bien vividito. ¿Actitud? Tranquilo, optimista; las encuestas le sonreían en ese verano.

Conversamos sobre inmigración, México, Cuba, Colombia y Clinton. Pero comenzamos hablando de su sobrino de 24 años, George P. Bush —el hijo del gobernador de Florida, Jeb Bush, y la mexicana Columba—, quien dice haber sido discriminado sólo por su origen hispano y por ser moreno.

Jorge Ramos: Estoy sorprendido de saber que su sobrino George P. Bush siente que ha sido discriminado. Me dijo en una entrevista que le han llamado wetback *(espalda mojada/indocumentado) y* tar baby *(bebé de brea). ¿Usted sabía esto?*

George W. Bush: *No. Es una lástima. Es importante que todas las personas que viven en este país reciban respeto.* Hay gente que es prejuiciada y eso es triste. Eso es muy triste. Y es particularmente triste cuando alguien en tu propia familia —el sobrino del próximo presidente de Estados Unidos— es insultado. Ésa es una razón para tratar de ser presidente y para decirle a la gente que rechacen los prejuicios raciales. Estoy muy triste por esto.

J. R.: Y si esto le pasa a un Bush, muchos hispanos están diciendo...

G. W. B.: Me lo imagino. Le puede pasar a un González y a un Rodríguez y a un Torres. Y eso no está bien. Y ésa es una razón para escoger a gente buena en el gobierno. Tú sabes que el gobierno no puede cambiar el corazón de la gente, pero los líderes políticos sí pueden tomar una posición y rechazar el racismo. Esta actitud es parte del Partido Republicano; el partido del futuro, no el partido del pasado.

J. R.: Pero muchos recuerdan [a republicanos racistas] como el gobernador Pete Wilson.

G. W. B.: *Sí.*

J. R.: Muchos recuerdan a Pat Buchanan.

G. W. B.: *Sí. Ellos han tenido palabras muy feas para las personas hispanas y las palabras de Jorge Bush son diferentes. Yo dice [sic] que el sueño [americano] es para todos...*

J. R.: Nunca había visto tantas caras hispanas y escuchado tantas voces latinas en el escenario de una convención republicana. Pero en cuanto al número de delegados las cosas fueron muy distintas. De los 2 066 delegados sólo 73 eran hispanos.

G. W. B.: Tenemos mucho trabajo por hacer... No hemos hecho un buen trabajo atrayendo a los hispanos al Partido Republicano, pero estamos empezando. Sólo porque hay muy pocos delegados no significa que no nos importa. Lo que es importante es mi corazón y mis intenciones. No hay duda que el Partido Demócrata es el partido de los mexicoamericanos. Así ha ocurrido en Texas, también. Pero eso está cambiando porque tienen un gobernador republicano que se preocupa por ellos.

J. R.: En la pasada Convención Nacional Republicana mucha gente los criticó [por presentar tantos oradores y cantantes hispanos]. Unos dijeron que era un baile de máscaras, de disfraces. Y el presidente Clinton dijo que era un "lindo paquete" que nunca sería abierto.

G. W. B.: *El presidente es muy preocupado con mí [sic].*

J. R.: ¿Por qué?

G. W. B.: *Porque él piensa que voy a ganar. Por eso.*

J. R.: ¿Clinton cree que usted va a ganar?

G. W. B.: Pienso que sí. Si no, ¿por qué está hablando de mí? Así que creo que está preocupado.

J. R.: Muchos analistas ven la designación de Joseph Lieberman como candidato demócrata a la vicepresidencia como un esfuerzo de Al Gore de distanciarse del presidente Bill Clinton. [Lieberman criticó fuertemente a Clinton durante el escándalo sexual con Mónica Lewinsky y lo calificó de "inmoral".] ¿Usted lo ve de la misma manera?

G. W. B.: Si [Gore] se quiere distanciar del presidente, ¿por qué no nos dice en qué ha fallado Bill Clinton? ¿Por qué no dice, claramente, que quiere distanciarse del hombre al que él ha llamado un "gran presidente"?

J. R.: ¿Cree usted que Estados Unidos es un país suficientemente tolerante como para escoger a un judío [como Lieberman] a la vicepresidencia?

G. W. B.: Yo creo que sí... Creo que Estados Unidos ha madurado mucho en ese sentido.

J. R.: ¿La religión debe ser parte de la campaña presidencial?

G. W. B.: No, para nada. Y por cierto, si yo sorprendo a cualquier gente, a quien sea, haciendo comentarios antisemitas, lo voy a rechazar.

J. R.: Su asesora en asuntos internacionales, Condoleeza Rice, sabe mucho sobre Rusia y Europa, pero ella no es una experta en América Latina. ¿Quién lo va a asesorar respecto a América Latina?

G. W. B.: Puede ser que ella no sea una experta en América Latina, pero yo sí. Yo sé mucho al respecto. Y además, tendré a los mejores que existen... Connie Rice sabe que nuestros vecinos son muy importantes; ella sabe que ésa es la parte más importante de nuestra política exterior... Y eso empieza con México, desde mi punto de vista. Una buena relación con México va a ayudar en nuestras relaciones con el sur. Estoy muy desilusionado de que este gobierno no haya tenido la autoridad para extender el Tratado de Libre Comercio a Chile y Argentina. Y además, estoy muy preocupado por algunas regiones de nuestro hemisferio. Estoy preocupado por Colombia.

J. R.: ¿Qué le preocupa de Colombia?

G. W. B.: He hablado con el presidente [Andrés] Pastrana y él siente la presión de los insurgentes que están tomando el país y extendiendo su territorio. Y si a esto le unimos los narcotraficantes, se vuelve una locura. [Hay] inestabilidad y nosotros queremos que nuestra amiga Colombia sea muy estable. Yo apoyé el paquete de ayuda financiera del Congreso norteamericano.

J. R.: Mil millones de dólares.

G. W. B.: Sí, un poquito más de mil millones.

J. R.: Estados Unidos se está involucrando más que nunca en Colombia.

G. W. B.: En entrenamiento. Sí. Pero tenemos que ser muy cuidadosos.

J. R.: ¿Tiene miedo que Colombia se convierta en otro Vietnam?

G. W. B.: Sí, estoy preocupado sobre eso... Tenemos que ser muy cuidadosos de no enviar demasiadas tropas y de no involucrarnos en combate. Hay una línea muy fina entre entrenamiento y combate. Y yo apoyo entrenamiento y ayuda.

J. R.: ¿No enviaría tropas a luchar a Colombia?

G. W. B.: No. No quiero a nuestras tropas peleando en Colombia.

J. R.: Usted hablaba hace unos momentos sobre México. El presidente electo, Vicente Fox, dijo recientemente que quería abrir la frontera [entre México y Estados Unidos] en 10 años. ¿Ha hablado usted con él sobre este punto?

G. W. B.: No sé lo que eso significa. Si está hablando únicamente sobre la región fronteriza, eso ya está pasando ahora... Pero si él se refiere a permitir que gente del interior de México vaya hasta el norte de nuestro país y se quede permanentemente de manera ilegal, no me parece que es una buena política...

Ahora déjeme decirle algo sobre el presidente [Ernesto Zedillo]. Le llamé el día de las elecciones [el 2 de julio]... para felicitarlo. Su partido [el PRI] perdió pero este hombre se merece muchas felicitaciones. ¿Sabe por qué? Por que fue un líder. Él dijo que iba a abrir al PRI a la competencia, que tendría elecciones primarias y supervisó una elección que promovió la democracia en México. El presidente Zedillo es un buen hombre. Creo que va a pasar a la historia como uno de los grandes líderes de nuestro hemisferio.

J. R.: ¿Ha reconsiderado su posición respecto a una amnistía para los seis millones de inmigrantes indocumentados en Estados Unidos?

G. W. B.: No. No he cambiado mi postura.

J. R.: Así que ¿no autorizaría una amnistía?

G. W. B.: No, pero apoyaría un programa de trabajadores invitados. Y estoy a favor de reunificar a las familias separadas [por problemas migratorios].

J. R.: Señor gobernador, quiero hablar un poco sobre Cuba. Como usted sabe, Estados Unidos comercia miles de millones de dólares con China, a pesar de que es una dictadura. Cuba también es una dictadura, pero hay un embargo con la isla. ¿Cuál es la diferencia entre China y Cuba?

G. W. B.: Los negocios con China son entre personas, entre empresarios. El comercio con Cuba sería con el gobierno cubano o con entidades controladas por el gobierno cubano y eso fortalece el poder de Fidel Castro. Y ésa es la diferencia. Mientras Fidel Castro no libere a los prisioneros políticos y no realice elecciones libres y no permita la libertad de prensa, yo mantendré las sanciones contra Cuba, si llego a la presidencia.

— o —

George W. Bush tenía ganas de seguir platicando. Pero uno de sus asesores le informó que el tiempo asignado a la entrevista había terminado. Acabó de tomarse el refresco, se llenó la boca de los hielitos que quedaban y se despidió como si nos conociéramos de toda la vida. En ese sentido es igual a Clinton; te ve fijamente a los ojos, repite tu nombre y te hace sentir como si fueras la única persona que le interesa en el mundo. Ambos —Clinton y Bush— son unos magos de las relaciones públicas. Y, es más, si no fueran enemigos políticos me los podría imaginar fácilmente contándose chistes en un bar y pasando un buen rato.

La intensidad de la personalidad de Bush me hizo olvidar que, mientras conversábamos, un hombre de 33 años esperaba un poquito de clemencia a miles de millas de ahí.

Nunca llegó.

Fiel a sus principios —Bush está a favor de la pena de muerte— el todavía gobernador de Texas permitió que se llevara a cabo la ejecución.

Oliver David Cruz fue ejecutado la noche del miércoles 9 de agosto. Una mujer que estaba frente a la cárcel de Huntsville y que formaba parte del grupo de manifestantes que se oponían a la ejecución de Cruz, declaró a la prensa que "mientras George W. Bush habla en español, ejecuta mexicanos". Con su muerte aumentó a 140 el número de personas ejecutadas durante la gubernatura de George W. Bush en Texas.

La tercera entrevista: Bush, besos y bombas

San Cristóbal, México. ¿Por qué el mismo día? ¿Por qué? ¿Por qué el presidente de Estados Unidos escogió el mismo día en que visitaba México para bombardear a Irak?

Poco antes de que dieran las 12 del mediodía y George W. Bush besara en el cachete a Mercedes Quesada de Fox, madre del actual presidente mexicano, 24 aviones norteamericanos y británicos atacaban objetivos militares en territorio iraquí. Hubo decenas de víctimas.

Besos y bombas. El mismo viernes 16 de febrero del año uno del tercer milenio. Bombas y besos. Besos para México. Bombas para Irak. El nuevo gobierno norteamericano, tan gustoso de poner en la agenda presidencial el "tema del día", envió ese viernes un doble mensaje: a los amigos, con cariño; a los enemigos, a trancazos.

La conferencia de prensa del presidente Bush con el mandatario mexicano, Vicente Fox, fue claro reflejo de ese contraste. Periodistas mexicanos en Guanajuato preguntando sobre el bombardeo en Irak: ¿Ofendió a México que Estados Unidos haya escogido el mismo día para el ataque en el Medio Oriente? ¿Estaba enterado el señor Fox? ¿Le avisaron los militares a usted, *mister* Bush, o se le adelantaron?

De pronto, el encuentro Fox/Bush que iba a apantallar al mundo dejó de ser el ombligo del planeta. Las bombas hacen más ruido que los besos.

Pero lo que ocultó el polvo levantado por las bombas estadounidenses fue la buena "química" entre ambos mandatarios. Uno es guanajuatense, otro texano, pero los dos son muy campechanos.

Fox y Bush se dijeron la neta en inglés y en *espanglish* y las cosas acabaron tan bien que los sorprendí, tras la comida de sopa de tortilla y carne a la tampiqueña, fumándose un soberano puro. ¿Sería un habano?

Tras la sobremesa, un Bush sin corbata y con botas estaba listo para la primera entrevista televisada de su presidencia. Apagó el puro, se levantó de la mesa y llegó de buen humor a la sala del rancho de Fox; a gusto, tomándose muy en serio aquella frase de "mi casa es su casa". Hablamos 15 minutos, casi todo en inglés. Primero sobre Irak y luego respecto a todo lo demás. Ni modo, así es este negocio de las noticias. Las *cursivas* marcan cuando él habla en español.

Jorge Ramos: Vamos a empezar con un poco de noti-
cias. Usted ordenó un ataque contra Irak. ¿Por qué
ahora? ¿Es su intención terminar el trabajo que ini-
ció su padre y acabar con Saddam Hussein?

George W. Bush: Desde 1991 ha existido lo que se
llama "zona de no volar" [en Irak, protegida] por nuestros comandantes en tierra. Y en los últimos días [los
comandantes] decidieron hacer un ataque de rutina y tenían que notificármelo antes. Esto ha ocurrido frecuentemente; no es nada nuevo. Esto es rutinario para poner
en práctica la política establecida [en esa zona]. Nuestra misión es hacer del mundo un lugar más seguro.
Nuestra misión es enviarle un claro mensaje a Saddam
Hussein para que no desarrolle armamento de destrucción masiva que amenace a Israel —nuestro fuerte aliado— y a nuestros aliados en el Golfo Pérsico.

J. R.: ¿Pero es su intención acabar con Saddam
Hussein?

G. W. B.: Nuestra intención es que le quede claro que
esperamos que cumpla con los acuerdos que él hizo
con Estados Unidos y nuestros aliados; que no desarrolle armamento de destrucción masiva y que sea un
vecino pacífico. Mientras cumpla esto, no le va a pasar nada. Pero si lo sorprendemos construyendo armas de destrucción masiva, y si amenaza la seguridad
de la región, actuaremos con mucha fuerza.

J. R.: Vamos a hablar ahora sobre México. ¿Llegó usted a algún acuerdo con el presidente Fox para que más mexicanos vayan a trabajar legalmente a Estados Unidos?

G. W. B.: Lo discutimos. Pero antes quiero decir que es muy importante que toda la gente sea tratada con respeto, toda la gente en América. *Los que son ahí legal y también los que son ahí ilegal.* La nuestra es una nación que respeta a la gente independientemente de su color de piel. Mi gobierno va a promover el respeto.

Pero tenemos un tema a discutir y es el tema del trabajo. Y mientras haya una diferencia entre los salarios de Estados Unidos y México, hombres y mujeres de México vendrán [a Estados Unidos] a ganar dinero para sus familias. La visión de largo plazo es que el comercio y las relaciones entre nuestros países sean de tal manera que las diferencias de salario disminuyan.

Mientras tanto, nuestro país debe entender que la gente va a seguir viniendo y por lo tanto debemos desarrollar una política que permita al empleador —que está buscando a trabajadores— y al empleado —que está buscando trabajo— llegar a un acuerdo, a un acomodo. Y eso es lo que el presidente [Fox] y yo discutimos.

Tenemos una comisión binacional que vamos a reforzar a los niveles más altos; el secretario de Estado y el procurador general van a estar de nuestro lado para discutir este asunto tan importante. El presidente Fox fue muy claro conmigo. Él espera que los mexicanos [en Estados Unidos] sean tratados con respeto y comprendo su petición. Él (Fox) también quisiera que Estados Unidos pensara en maneras de que los trabajadores mexicanos [en Estados Unidos] pudieran estar ahí de manera legal. Y nuestro Congreso y mi gobierno vamos a escuchar las recomendaciones de esta comisión binacional para ver si podemos crear una ley que respete a los mexicanos en nuestro país.

J. R.: Como usted sabe, petróleo e inmigración son dos asuntos que no fueron incluidos en el Tratado de Libre Comercio. ¿Estaría usted dispuesto a aceptar a más inmigrantes mexicanos en Estados Unidos a cambio de petróleo, gas natural y electricidad de México, sobre todo para California?

G. W. B.: No creo que los dos temas estén interrelacionados. Y creo que hay que ver a cada asunto de manera separada. La energía es un asunto hemisférico. México importa gas natural de Estados Unidos... Y nosotros tenemos que importar electricidad de México; lo estamos haciendo ahora en el oeste de nuestro país. Ojalá podamos establecer una política que facilite el flujo de electricidad de sur a norte...

Este asunto de energía debe incluir también a Canadá. Y el presidente Fox me dijo algo sumamente interesante. Él tiene una visión que llama de Puebla a Panamá que fortificaría a Centroamérica. Y la energía tiene un importante papel en ese proyecto. Porque a menos que haya acceso a la energía va a ser muy difícil lograr la vitalidad económica que él está promoviendo. Así que veo la energía como un asunto separado —no ligado [a inmigración]— y que afecta a todos los países de este hemisferio. Debemos trabajar juntos.

J. R.: Hablando de Cuba, México está convencido que más comercio, más turismo y más relaciones diplomáticas van a ayudar a democratizar Cuba. Estados Unidos tiene una postura distinta apoyando el embargo. ¿Cuál es la estrategia correcta?

G. W. B.: *Es importante para todos comprender esto. El presidente Fox y también yo quieren que Cuba sea libre.* Que haya elecciones libres, mercados libres, prensa libre y que se liberen a los prisioneros políticos. Tenemos visiones distintas de cómo alcanzar esto. Pero es el mismo objetivo y ése es un buen comienzo.

Yo creo que levantar el embargo sería un error porque le daría más poder a Fidel Castro. Y hasta que Fidel Castro esté dispuesto a realizar elecciones libres y le dé la bienvenida a la libertad, creo que es en el mejor interés de Estados Unidos el mantener esta política. Tuvimos una discusión muy franca con mi amigo el presidente de México.

J. R.: ¿Usted cree que el presidente Fox considera a Castro un dictador?

G. W. B.: Le tienes que preguntar al presidente Fox. Una cosa que he aprendido es *nunca poner palabras en la boca del presidente de otro país.*

J. R.: Hablando sobre drogas, el presidente Fox dijo recientemente que Estados Unidos ha demostrado ser incapaz de reducir el consumo de drogas. ¿Está de acuerdo con el presidente Fox y con su propuesta de cancelar el proceso de certificación?

G. W. B.: Estoy de acuerdo en que no hemos hecho un buen trabajo en la reducción del consumo de drogas en Estados Unidos. Y entiendo que el asunto de las drogas necesita la participación de los dos países. Pero primero, y es lo más importante, se requiere que Estados Unidos reduzca la demanda de drogas. También, debemos cooperar en nuestra frontera. Tenemos la oportunidad de utilizar grupos especiales y la modernización de la policía para que la frontera esté libre de drogas.

El asunto de la certificación está empezando a cambiar en Washington. La gente empieza a entender que, a menos que hagamos un mejor trabajo [en la reducción del consumo de drogas], es difícil presionar a otros países. Segundo, *he visto en los ojos del presidente Fox y creo que él quiere luchar contra los narcotraficantes.* Él está tomando una postura muy firme. Él está dispuesto a extraditar a Estados Unidos a líderes del narcotráfico que sean arrestados en México. Para mí ése es un compromiso muy grande del presidente [Fox] en la lucha contra las drogas. La guerra es en dos frentes. Y puedo entender por qué está frustrado [Fox] porque el consumo de drogas no se ha reducido en algunos sectores. Estamos teniendo algún progreso con gente de ciertas edades, pero debemos hacer un mejor trabajo. Y segundo, debemos unir esfuerzos para luchar contra las drogas, no sólo en México sino en todo el hemisferio; obviamente también *en Colombia y otros países, ahí en Sudamérica.*

J. R.: ¿Cree que México es una amenaza para la seguridad nacional de Estados Unidos debido al narcotráfico?

G. W. B.: No creo que México sea una amenaza a la seguridad nacional. Lo veo exactamente al revés; lo veo como un aliado muy fuerte y un amigo muy leal. Y una de las cosas en que debemos seguir trabajando, desde los niveles más altos de nuestros gobiernos, es seguir trabajando en la amistad. Y creo que las drogas —ya sea que vengan de México o de Florida o del Caribe o de la costa oeste o de otros países— es una amenaza para nuestro país. Pero también reconozco que esas drogas llegan porque no hemos hecho un trabajo muy bueno en convencer a la gente de que las drogas van a destruir su vida.

J. R.: Durante su campaña electoral usted dijo que quería ser un líder con compasión. ¿No cree usted que una decisión con mucha compasión sería darle una amnistía a los seis millones de inmigrantes indocumentados, que son los más pobres de los pobres y los más vulnerables de Estados Unidos?

G. W. B.: Creo que la mejor política para nuestro país es reconocer que hay gente que quiere trabajar y buscarles trabajo con nuestros empleadores. Eso podría llamarse "Programa de Trabajadores Invitados" que lograría lo que el presidente [Fox] quiere, es decir, que la gente sea tratada como seres humanos.

J. R.: ¿No está convencido de dar una amnistía?

G. W. B.: No, no lo estoy. Estoy convencido de que podemos mejorar nuestras leyes de inmigración. Y te voy a decir otro lugar donde podemos reformar las leyes de inmigración: es el asegurar que aquellos que se encuentran legalmente en nuestro país se reúnan con los miembros de su familia lo más rápido posible. Hay espacio para mejorar. Puede mejorar el trato del Servicio de Inmigración y Naturalización [INS] acelerando el papeleo; hay gente esperando en largas colas, es muy burocrático. Tengo un plan para dividir al INS en dos: protección de la frontera, por una parte, y el servicio de documentación y papeleo por el otro. Y que la gente sepa que si necesita algún do-

A LA CAZA DEL LEÓN

cumento, no va a tardar más de seis meses. Ése es nuestro objetivo.

J. R.: ¿Usted cree que ganó las elecciones gracias al voto de los cubanos en Florida?

G. W. B.: Creo que tuvieron mucho que ver con eso. Y estoy muy orgulloso. Estoy muy agradecido por el fuerte apoyo que recibí de los cubanoamericanos de Florida. *Y por eso no voy a olvidarlos.*

J. R.: ¿Usted cree que tiene un problema de legitimidad?

G. W. B.: No, para nada. Creo que la gente entiende que fue una elección muy cerrada. Pero cuando tomé el juramento para ser el presidente, la gran mayoría de los norteamericanos me escucharon decir que seré el presidente de todos. Y la gente está empezando a darse cuenta que voy a cumplir esa promesa. Tengo un programa educativo... un plan para cortar impuestos... tengo un plan para [el sistema de ayuda médica del] *medicare*. Estoy contento con el progreso que estamos teniendo y con trabajar tanto con líderes demócratas como republicanos. Entiendo las diferencias de opinión, pero estamos cambiando el tono en Washington para que sea de respeto mutuo. Y estoy muy honrado con ser el presidente.

Posdata. Siete horas en México ciertamente le habían ayudado a Bush: se expresaba con mucha más confianza en español que en las dos veces anteriores que habíamos conversado. "Está hablando muy bien el español", le comenté. "No", me contestó. "Eso me lo dices ahora sólo porque soy el presidente." Se echó una carcajada, se tomó las fotos de rigor con camarógrafos y productores y luego se perdió en medio de sus asesores y guardaespaldas. Eran las cinco de la tarde, hora de regresar a casa. Las bombas y los besos habían terminado.

Con el ex presidente Carlos Salinas de Gortari, en casa de sus suegros en la ciudad de México. Bajo el brazo llevaba su libro *México, un paso difícil a la modernidad*, en el que explica los eventos más controversiales de su presidencia y su autoexilio. El Jefe de la Oficina de Univisión en México, Porfirio Patiño, fue el responsable de amarrar la entrevista que buscamos durante casi 6 años.

La entrevista se realizó el viernes 6 de octubre del 2000 en el Pedregal de San Ángel. Entonces algunos hablaban del "regreso" de Salinas y de su "reivindicación". Pero el plan no funcionó. Una supuesta llamada telefónica de su hermano Raúl desde la cárcel —dada a conocer por todos los medios de comunicación— frustró el proyecto y Salinas volvió a salir del país.

Con el presidente de México, Vicente Fox, el lunes 3 de julio del 2000; precisamente un día después de haber ganado las elecciones y de convertirse en el primer presidente en la historia de México, desde Francisco I. Madero, en ser elegido por la vía democrática. Tan pronto terminó la entrevista, otros periodistas se lanzaron sobre Fox; nunca nos pudimos despedir.

Lo que el voto se llevó. Antes de las elecciones del 2 de julio del 2000 hablé con el candidato presidencial del Partido Revolucionario Institucional (PRI), Francisco Labastida. Él me mostró unas encuestas que sugerían una posible victoria del PRI. Pero los mexicanos le dijeron ¡no! a Labastida y al PRI. Terminaron así 71 años de gobiernos autoritarios.

Ésta fue la primera entrevista por televisión que concedió George W. Bush como presidente de EU. Hablamos durante su visita a Guanajuato, en el rancho del mandatario mexicano Vicente Fox, en San Cristóbal. Ese mismo día —el 16 de febrero del 2001— había ordenado el bombardeo de Irak. La entrevista se logró debido a la reputación periodística de Univisión y a la incansable labor de la productora Elizabeth Valdes.

Con el entonces gobernador de Texas, George W. Bush, en su mansión de Austin. Durante su campaña electoral siempre intentó hablar español y su estrategia, aparentemente, funcionó: Bush cree que el voto cubanoamericano fue vital para ganar Florida y la Casa Blanca.

Durante la Convención Nacional Republicana en Filadelfia en julio del 2000 surgió una estrella política, George P. Bush, sobrino del actual presidente e hijo del gobernador de Florida. Debido a su carisma, convicciones políticas y facilidad de comunicación —en inglés y en español— algunos republicanos creen que "P" podría convertirse en el primer presidente hispano de EU.

Durante la entrevista con el entonces vicepresidente de EU, Al Gore, salieron a relucir todos sus estereotipos; su acartonamiento, su extraña forma de vestir —iba de traje con camisa amarilla y botas vaqueras— y su extraordinaria capacidad de trabajo. Gore había dormido muy poco y en la entrevista se mostró francamente agotado y sin sentido del humor.

No era un asiento de primera. Tras una de las peores inundaciones en la historia de Venezuela, en diciembre del 99, la única manera de trasladarnos desde Miami fue en la sección de carga de un avión C-130 de la Fuerza Aérea Venezolana. Pasé las 4 horas y media de vuelo sobre un contenedor que llevaba alimentos, medicinas y sillas de ruedas a los damnificados. ¿Abróchense los cinturones? Desde luego, no había.

Con el equipo de Univisión, a las afueras de Caracas, a punto de abordar una avioneta que nos llevaría a Miami para pasar la Navidad en casa. Ese año, 1999, no había ánimo de celebrar en Venezuela.

8. Al Gore, el acartonado

Miami. Me lo imaginaba como en las fotos: alto, formal, rígido, serio, desangelado, puntualísimo. La cita era a las dos de la tarde y exactamente a esa hora el vicepresidente de Estados Unidos, Al Gore, entró por la puerta. Y me topé con lo que imaginaba. Ni un pelo fuera de lugar y una dificultad enorme para soltar una sonrisa. Acartonado.

En lo que sí me sorprendió Al Gore fue en la vestimenta. Lo esperaba trajeado y con corbata. Pero en cambio se apareció con una camisa abierta, color amarillo perico, botas vaqueras negras (duras y picudas, de las que sacan sangre al caminar), un cinturón café sosteniendo el pantalón de cuadritos a la mitad del estómago —daban ganas de bajárselo un poquito hasta las caderas, había sugerido una reportera— y un saco *sport* azul marino.

Apenas alcancé a saludarlo con un "buenas tardes" cuando reviró: "¿Me puedes esperar un momento?" y desapareció por la misma puerta por donde había entrado. "¿Qué pasó?", le pregunté a uno de sus jóvenes asesores. "No sé", me dijo. "Voy a checar."

Aparentemente Gore se acordó que tenía que hacer una urgente llamada telefónica. Sin embargo, durante la breve espera, uno de los asistentes de prensa del vicepresidente me sugirió que me quitara la corbata para que los dos apareciéramos iguales en la entrevista de televisión que estábamos a punto de grabar. No me pareció una concesión demasiado grande.

Me quité la corbata y tan pronto la tiré a una silla volvió a entrar Gore a uno de los fríos y áridos salones del hospital Jackson Memorial de Miami. Por alguna extraña razón, Gore había escogido un hospital para realizar sus actividades de campaña en el sur de Florida. Me pareció poco común en un estado con tanto sol pero, sin duda, a tono con la imagen congelada de Gore. Era nublado y gris el lunes 13 de marzo del 2000. Amenazaba con llover.

Nos volvimos a saludar y le mostré el lugar donde conversaríamos. Se movió lentamente y no dijo ni una palabra. Se notaba muy cansado. Exhausto, a decir verdad. Sus ojeras moradas estaban perfectamente marcadas. Sus ojos, perdidos en algún punto lejano. Las cejas levantadas para impedir que los párpados se cerraran. Este hombrezote de casi 200 libras de peso y más de dos metros de estatura (6 pies, una pulgada) parecía andar en piloto automático. Arrastraba cada uno de sus 51 años. No era para menos.

Llevaba varios meses haciendo campaña por todo el país para asegurarse la nominación del Partido Demócrata a la presidencia de Estados Unidos. Por fin lo había logrado a principios de marzo con el retiro de la contienda del ex senador Bill Bradley. Pero los desayunos políticos que se convertían en comidas de campaña que se convertían en cenas de recaudación de fondos que se convertían en sesiones de planeación de madruga-da... lo habían dejado sin energías. No estaba durmiendo más de cuatro o cinco horas diarias. Se notaba.

Cuando Gore era un adolescente sí tenía más tiempo para soñar. Pasó un año estudiando en la ciudad de México y "hasta soñaba en español", me dijo. Pero de esas fantasías en castellano queda poco. Ahora sólo decía frases hechas como: "sí se puede" y "claro que sí" o junta palabras como "p'alante, siempre p'alante" y "comunidad borrrrrricua" (con un fuerte énfasis en la letra r).

La única que realmente habla español en la familia Gore es su hija Karena, quien trabajó como periodista durante una temporada en España. Su nieto Wyeth —hijo de Karena— tiene más probabilidades de hablar español que el mismo Gore. Pero como todo en su vida, él seguía haciendo un esfuerzo disciplinado y constante para aprenderlo.

Desde muy joven Gore se había preparado para ser presidente. Su padre fue un poderoso senador del estado de Tennessee. Estudió en Harvard. Ganó su primera contienda política —un puesto en el Congreso norteamericano— a la edad de 28 años y durante dos cuatrienios fue vicepresidente. Pero le faltaba un paso. El más difícil.

La cara pálida, alargada y totalmente inexpresiva de Al Gore recalcaba el dibujo pintado por la prensa; un tipo bien preparado pero sin carisma. Era considerado uno de los vicepresidentes más activos en la historia de Estados Unidos y su influencia fue fundamental en áreas como el medio ambiente y la expansión tecnológica. Alguna vez, exagerando, Gore se autoproclamó como uno de los inventores de la internet. Luego corrigió. Pero su interés por el tema nunca fue cuestionado.

También alguna vez sugirió que la melosa película *Love Story* había sido inspirada por la historia de su romance con Tipper, su esposa. Eso no lo tuvo que corregir; nadie se lo creyó.

¿Era aburrido Gore? Bueno, quizá no lo fuera para quienes habían leído sus libros, llenos de datos y estadísticas. Juzgue por los títulos: *Gobierno de sentido común*, *Creando un gobierno que trabaje mejor y cueste menos* y su bestseller *La Tierra en balance*, traducido en 26 idiomas.

Albert Arnold Gore Jr. proyectaba en esa primavera del 2000 la imagen de alguien que nunca había roto las reglas. Sin embargo, no era una palomita muerta y tiene un buen récord de embarradas. En 1996 participó en una ceremonia en un templo budista en California donde se recaudaron, ilegalmente, miles de dólares para su campaña de reelección. Además, había reconocido que hizo llamadas desde su oficina en Washington pidiendo dinero a votantes potenciales.

Ambos hechos no sólo eran considerados éticamente inapropiados sino que violaban las leyes electorales de Estados Unidos. Pero la procuradora general, Janet Reno, nunca consideró que esas violaciones justificaran una investigación independiente. Los opositores de Gore acusaron a Reno de favoritismo.

Gore trató de·quitarse de encima la sombra del presidente Bill Clinton. No lo invitaba a sus actos de campaña ni se tomaba fotos con él en público, como antes. Claro, le gustaba atribuirse la corresponsabilidad de la prosperidad económica que disfrutaba Estados Unidos, pero no quería que lo acusaran de encubrir al presidente cuando éste mintió sobre sus encuentros sexuales con Mónica Lewinsky.

Sin embargo, Gore usaba muchas de las mismas técnicas de comunicación de Clinton. Cuando entró al salón saludó de mano a todos y cada uno de los camarógrafos y productores que estaban presentes. Pero en eso no es tan bueno como Clinton. Gore los vio directamente a los ojos, pero no repitió sus nombres como acostumbra su amigo Bill.

Mientras le poníamos el micrófono en la camisa amarilla, le mencioné que mucha gente me había comentado sobre su esfuerzo por vestirse de una manera más informal. "¿Cuál de los dos es el verdadero Gore?", le pregunté. "¿El que viste regularmente de traje y corbata o el que vemos hoy, más relajado?" "Los dos", me contestó, seco, sin una sonrisa.

Gore estaba supercansado y todavía tenía muchas cosas por hacer. Se veía ansioso por comenzar la entrevista. Y lo hicimos de la manera más típica en Miami: hablando de Cuba y de Elián González, el niño balsero rescatado frente a las costas del sur de Florida y cuya custodia se peleaban su padre en Cuba y sus familiares en Miami.

Jorge Ramos: ¿Cree usted que Elián debe regresar a Cuba con su padre?

Al Gore: Yo creo que debe haber una audiencia en la corte para determinar su custodia. Y creo que la decisión se debe basar exclusivamente en un factor; no en la política ni en la diplomacia, sino en el mejor interés del niño. El padre no tiene la libertad de expresar sus verdaderas creencias. La monja O'Laughlin se reunió con sus abuelas y concluyó que el niño se debe quedar. La madre del niño perdió su vida tratando de asegurar la libertad de Elián y creo que sus deseos merecen respeto. Pero creo que la decisión de cuál es el mejor interés del niño no deben hacerla ni políticos ni funcionarios de inmigración. Debe hacerla una corte de acuerdo con un proceso legal. Así es como hacemos las cosas en Estados Unidos cuando hay una cuestión de custodia infantil.

J. R.: ¿Cree usted que la Marina norteamericana está actuando correctamente al insistir en quedarse en

Vieques [realizando sus ejercicios militares] cuando la mayoría de los puertorriqueños se oponen a ello?

A. G.: Bueno, yo he pedido que la Marina busque otro lugar para realizar sus entrenamientos tan rápido como sea posible.

J. R.: ¿O sea que [la Marina] se debe ir de Vieques?

A. G.: Creo que deben buscar un lugar alternativo tan rápido como sea posible y yo creo que ese proceso ya se ha echado a andar. Pero yo les he pedido que se apresuren.

J. R.: Como usted sabe, la agrupación sindical AFL-CIO ha propuesto una amnistía para seis millones de inmigrantes indocumentados en Estados Unidos. Usted ha dicho en el pasado que apoyaría esa amnistía "dependiendo de las circunstancias y dependiendo de la manera en que fuera descrita". Ahora, ¿pudiera ser más específico? ¿Qué tipo de circunstancias espera? ¿Cómo describiría usted esa amnistía?

A. G.: Bueno, yo voté por una amnistía la última vez que se propuso.

J. R.: Sí, en 1986.

A. G.: ...Yo creo que cualquier propuesta para dar [una amnistía] otra vez debe estar acompañada con políticas que enfrenten los efectos a largo plazo. Y no queremos enviar una señal de que cada año vamos a tener [otra amnistía], porque eso no sería justo para quienes están siguiendo las reglas del juego, la mayoría que emigra legalmente a Estados Unidos.

J. R.: Pero, en general ¿favorecería usted una amnistía?

A. G.: Depende de las circunstancias. Creo que se debe considerar cuidadosamente. Pero creo que se debe ver en el contexto de qué previsiones tiene y cuáles son sus límites. ¿Qué haces con alguien que inmigró ilegalmente el día después de la fecha límite? ¿Cómo evitas enviar una señal de que esto va a volver a ocurrir? Porque entonces tendrías una política de puertas abiertas que no es justa para aquellos que han seguido los pasos correctos y han inmigrado legalmente. Pero, de todas maneras, creo que debemos tratar a todas las personas dentro de nuestras fronteras con respeto.

J. R.: Si la democracia estuviera en peligro en Colombia y usted llegara a ser presidente, ¿enviaría tropas norteamericanas a Colombia?

A. G.: Bueno, tenemos un compromiso con la gente de Colombia, a solicitud suya, para tratar de luchar en contra de los narcoterroristas. Y hemos trabajado con ellos para tratar de aplastar las tácticas agresivas de estos narcotraficantes. Y nuestros planes son continuar trabajando con la gente de Colombia para tratar de encontrar paz y estabilidad.

J. R.: Como usted sabe, aquí en Estados Unidos hay rifles y pistolas en 48 de cada 100 hogares. Y aquí los niños matan a los niños. En cambio, en Japón hay pistolas y rifles sólo en una de cada 100 casas. Y allá los niños no asesinan a los niños. ¿Debe Estados Unidos parecerse más a Japón en ese sentido? ¿Qué lección sacamos de esas cifras?

A. G.: Creo que necesitamos restricciones de sentido común. Como por ejemplo, candados obligatorios en los gatillos [de rifles y pistolas]. He pedido una credencial con foto para todos los que compren una nueva arma. Estoy a favor de reestablecer la espera de tres días [para quien compre un arma de fuego]. Creo que debemos aumentar las sanciones a quienes cometan un crimen con pistolas. Tener más efectividad en la puesta en práctica de las leyes que ya existen. Y estoy totalmente en desacuerdo con el director ejecutivo de la Asociación Nacional del Rifle por sus comentarios cínicos acerca de la violencia provocada por pistolas.

Él sugirió que al presidente Clinton le convenía que aumentara la violencia con armas de fuego para atacar a los dueños de pistolas.

Eso demuestra una enfermedad en el corazón mismo de la Asociación Nacional del Rifle. E incluso la mayoría de los miembros de esa asociación no están de acuerdo con dicha postura.

J. R.: Por primera vez en la historia, el próximo presidente de Estados Unidos va a hablar español.

A. G.: Solamente un poquito.

J. R.: ¿Por qué pensó que era importante comunicarse en español con los votantes hispanos?

A. G.: Me gusta practicar mi español. Creo que es una muestra de respeto el tratar de comunicarse en el lenguaje en que la gente se siente más a gusto. Y la mayoría de los votantes en América se sienten más a gusto escuchando inglés, pero uno no debe sacar la conclusión que todos los americanos son iguales. Tengo respeto por las distintas historias y culturas que hacen a nuestro país. Somos la única nación del mundo unida, no por la etnicidad o su origen nacional, sino por un grupo de valores comunes y somos más fuertes cuando superamos divisiones y diferencias que la gente puede explotar. Es el denominador común más alto del espíritu americano.

J. R.: Quisiera hablar un poco de la campaña presidencial y de las acusaciones entre su partido y el del gobernador de Texas, George W. Bush. El goberna-

dor Bush dijo que "usted diría cualquier cosa con tal de ser elegido [presidente]" y puso en ridículo su propuesta de reformar el sistema de financiamiento de las campañas presidenciales. Bush está diciendo que, después de todo, es usted quien hizo llamadas inapropiadas desde su oficina y que es usted quien fue a un templo budista (en 1996) para participar en actividades ilegales de recaudación de fondos electorales. En otras palabras, Bush lo está presentando como un hipócrita. ¿Cómo le responde?

A. G.: Yo tengo pasión por este asunto y ésta nació de una experiencia personal. Yo he cometido errores; los he reconocido. He aprendido de ellos. La pregunta es si el gobernador Bush ha aprendido de sus errores. Yo creo que es un error oponerse a la prohibición de ciertas contribuciones electorales [*conocidas en inglés como* soft money], contribuciones de intereses especiales —individuos, corporaciones o sindicatos—. Es un error haber recibido más de 70 millones de dólares por afuera de los límites tradicionales de gastos de campaña. Yo creo que es un error oponerse a las reformas que yo he urgido. Yo espero que [Bush] tome este asunto seriamente. Y yo estoy hablando a nombre de millones de norteamericanos que creen que es el momento de entregar este proceso, de nuevo, a la gente. Hay que hacer a un lado a los intereses especiales y a los financieros secretos porque realmente [este proceso electoral] le pertenece a la gente de Estados Unidos.

J. R.: Mucha gente está cuestionando su lealtad al presidente Clinton. Dicen que usted lo apoyó por siete años y que ahora le está dando la espalda. Si la economía está tan bien, ¿por qué se quiere distanciar del presidente Clinton?

A. G.: Yo no me quiero distanciar de él y yo no he escuchado a nadie decir eso. Mi relación con él tiene fundamentalmente cuatro partes. Somos amigos, antes que nada. Segundo, yo critiqué sus errores personales como lo hizo todo americano.

J. R.: ¿No es eso marcar una distancia?

A. G.: No, porque hay cuatro partes en esta relación; y quisiera repetir que tenemos una amistad genuina, importante para él y para mí. El tercer elemento [de nuestra relación], he luchado junto a él muchas batallas a nombre de los norteamericanos. Hemos transformado los más grandes déficits en superávits, y hemos cambiado la peor recesión desde los años treinta en la mejor economía en la historia de Estados Unidos. Y cuarto, tengo que ganar [esta elección] por mí mismo. Estoy haciendo campaña con mi propia agenda y con mi propia visión para el futuro… Y la agenda que debe seguir el país en el año 2001 es claramente distinta a la que tenía en 1993, porque hemos corregido el curso económico y ahora tenemos la oportunidad de utilizar nuestra prosperidad para asegurarnos de que

nadie se quede atrás, para traer mejoras revolucionarias a nuestro sistema educativo, para expandir nuestro cuidado médico y mejorar el medio ambiente.

*J. R.: Así que es un error pensar que se está distan-
ciando del presidente Clinton.*

A. G.: Sí, es un error.

*J. R.: Uno de los problemas más serios de la comuni-
dad latina es el increíblemente alto índice de deserción escolar entre sus estudiantes. ¿Qué haría usted
para remediarlo?*

A. G.: He tenido el honor de proponer una iniciativa
para utilizar 600 millones de dólares de una manera
muy específica para reducir el inaceptablemente alto
nivel de deserción escolar entre los estudiantes hispanos. Este grupo de norteamericanos tiene un nivel de
deserción escolar mucho más alto que cualquier otro
grupo. Hay razones entendibles de por qué esto ocurre. Pero también hay soluciones. Y yo quiero hacer
de esto una prioridad.

Posdata. Me había chupado el tiempo asignado a la
entrevista. Pero no quería acabar en ese tono tan serio.
Así que le recordé a Gore que en 1998 él había canta-
do un *rap* en español, con la esperanza de que me re-

pitiera alguna de las estrofas musicales. Gore abrió la boca y me enseñó los dientes, como tratando de reír y ahí quedó todo. No es un hombre de excesos. Dice sólo lo que quiere decir.

Qué ingenuo; quería terminar la entrevista con Gore cantando *rap*.

Misión imposible.

9. Vieques invadida

Vieques, Puerto Rico. El sol acababa de salir y la mujer estaba llorando. Los anteojos no ocultaban su enorme frustración. "Cómo no voy a estar triste", me dijo, "si se llevaron a los nuestros sólo por buscar la libertad de Vieques".

Se refería a los más de 200 puertorriqueños que fueron detenidos la madrugada del jueves 4 de mayo del 2000 por oponerse a la presencia de la Marina norteamericana en la llamada isla Nena. En una acción caracterizada por el lujo de fuerza (mas no por su abuso), agentes del FBI, *marines* estadounidenses y distintos miembros de la policía local y estatal de Puerto Rico sacaron a los manifestantes que pacíficamente habían acampado en distintas "zonas restringidas" de Vieques.

Esas "zonas restringidas" habían sido utilizadas por más de seis décadas para realizar ejercicios militares. Pero tras la muerte del guardia David Sanes, el 19 de abril del 99, dichas zonas fueron ocupadas por puertorriqueños que no querían ni una bomba más en

Vieques. Esas ocupaciones dieron lugar a uno de los movimientos más importantes de la historia moderna de Puerto Rico en su lucha por la soberanía. Nunca como entonces se había creado una conciencia de las grandes diferencias que separan a puertorriqueños de norteamericanos.

Mientras veía cómo manifestante tras manifestante era detenido y esposado frente a la puerta de Campo García, sin ofrecer resistencia, no podía dejar de preguntarme por qué la nación más poderosa del mundo —Estados Unidos— estaría interesada en una pequeña isla con menos de 10 mil habitantes. ¿No hay otros lugares para realizar prácticas de tiro y bombardeos? ¿Acaso la Marina norteamericana estaba tratando a los puertorriqueños como ciudadanos de segunda categoría a pesar de tener pasaporte estadounidense? ¿Los residentes de Texas, Florida, California o Nueva York aceptarían una imposición como ésta en su propio territorio?

Unión sin precedentes

Nunca antes había visto a tantos puertorriqueños apoyando la misma causa. Quizá después de todos los plebiscitos y los interminables debates sobre el *status* político de la isla nos habíamos mal acostumbrado a ver a los puertorriqueños separados, en pugna. Pero la oposición a las operaciones militares de la Marina norteamericana en la isla de Vieques había unido a antiguos enemigos. Al menos en ese punto, Puerto Rico estaba presentando un frente común. Los puertorriqueños, todos, tal vez sin plena conciencia, le estaban diciendo a Estados Unidos: el territorio de Vieques es de nosotros, los puertorriqueños, no de ustedes, los norteamericanos. Y si Vieques era de los puertorriqueños, no de los estadounidenses, entonces todas las otras islas, incluyendo la que alberga a la ciudad de San Juan, también eran de los puertorriqueños, no de los norteamericanos. Es decir, Puerto Rico había hecho una de las declaraciones de soberanía más contundentes de su historia. Y eso tendría su precio político.

Respingando, el secretario de la Marina de Estados Unidos, Richard Danzig, apoyó las conclusiones de un comité del Pentágono de que los ejercicios militares en la isla de Vieques eran "insustituibles". La confrontación parecía inevitable.

Rechazo a la Marina en Vieques

En Vieques no necesitaba el apoyo de las encuestas para darme cuenta de que casi nadie quería a la Marina norteamericana ahí. "Por más de 60 años nos han martirizado", me dijo José Aníbal, un pescador, recordándome que la incidencia del cáncer en Vieques es aparentemente superior al de otras islas de Puerto Rico. "¡Que se vayan! ¡Que se vayan!", me comentó Juan, un joven que apenas rascaba los 17 años y que se angustiaba ante el panorama de un casi seguro desempleo. "Vieques no se vende", insistió Erik, un chofer. "Ni por 40 [millones de dólares] ni por 50."

El chofer viequense se refería a una orden de la Casa Blanca —corroborada por el titubeante y abucheado ex gobernador Pedro Roselló— que permitía la continuación de los bombardeos (con municiones no explosivas) a cambio de un paquete de ayuda inicial de 40 millones de dólares y la realización de un plebiscito que definiera si la Marina norteamericana se iba o se quedaba en Vieques.

El gobernador flip-flop

Durante varios meses —desde el 19 de abril del 99, en que murió por una bomba norteamericana el guardia David Sanes, hasta principios de enero del 2000— el gobernador Roselló parecía haber tomado el liderazgo de un pueblo, el puertorriqueño, que no quería ni una bala más en Vieques. Nunca antes puertorriqueños de todas las tendencias políticas habían coincidido de esta manera en un mismo objetivo.

Incluso, el lunes 19 de octubre del 99, el gobernador Roselló se presentó en Washington ante el Comité de las Fuerzas Armadas del Senado para decir que no aceptaría ni una bomba más en la llamada isla Nena. "*Not one*", dijo en inglés Roselló ante los ojos incrédulos del presidente del comité, John Warner.

Y luego de la comparecencia, en la que el gobernador no había cedido ni un milímetro, Roselló declaró a la prensa: "El bombardeo de Vieques no lo vamos a tolerar ni por 60 años, ni por 60 meses, ni por 60 días, ni por 60 horas, ni por 60 minutos".

Pero tres meses más tarde algo extraño pasó y Roselló cambió de opinión. Como si fuera gimnasia olímpica, el gobernador hizo un *flip-flop*.

Sin ningún tipo de consulta popular, Roselló se dobló ante la presión de los norteamericanos y a finales de enero del 2000 aceptó una controversial propuesta de la Casa Blanca. La propuesta permitiría ejercicios militares de la Marina norteamericana y bombardeos —con municiones inertes— durante tres años en Vieques. A cambio de eso, los 10 mil habitantes de Vieques recibirían 40 millones de dólares en ayuda económica, parte del territorio de la isla (que se usaba como bodega de armamento) y la posibilidad de realizar un plebiscito en el 2001 para fijar su postura final respecto a futuras maniobras militares.

Tras confirmar este acuerdo, Roselló tendría que morderse la lengua y tragarse sus palabras. Se perdió la confianza de muchos puertorriqueños en el gobernador. Su credibilidad quedó hecha trizas en varios círculos políticos; había traicionado, desde su punto de vista, la causa de Vieques.

¿Por qué Roselló decía una cosa y hacía otra? La realidad es que las acciones del gobernador eran contrarias a sus declaraciones previas. Cuando Roselló aceptó el acuerdo con Clinton, el gobernador ya no hablaba por todos los puertorriqueños.

Esta versión de los hechos y sus reacciones las escuché una y otra vez en San Juan y en Vieques: en librerías, restaurantes, centros comerciales, casas particulares, en la calle. Casi nadie salió en la defensa de Roselló. Después de todo, él mismo se había metido en esa encrucijada; no sabía cómo explicar sus contradicciones y, menos aún, justificar que ahora se encontraba en el otro bando, el de Estados Unidos.

El precio político que pagó el partido de Roselló por su *flip-flop* fue alto: en las elecciones del 7 de noviembre del 2000, su candidato perdió la gobernación frente a la opositora Sila María Calderón.

Casi el paraíso o zona de guerra

Pero con acuerdo o sin acuerdo, lo que no acababan de entender los norteamericanos es que los puertorriqueños no los querían en Vieques. Punto. Por esto, muchos viequenses con quienes conversé sentían que su isla había sido invadida. Sus habitantes no podían visitar, ni por tierra ni por mar, dos terceras partes de su territorio.

Antes de la operación armada, tuve la oportunidad de visitar una de las "zonas restringidas". El recorrido de 45 minutos en lancha desde el puerto de la Esperanza hasta el extremo de la isla fue una maravilla; sin duda, Vieques tiene que ser uno de los territorios más bellos de todo el Caribe. Hay millas y millas de playas vírgenes, sin turistas, discotecas, hoteles monstruosos ni McDonald's. Pero más allá de sus playas se esconde la verdadera tragedia de Vieques.

"Cuidado por dónde caminas", me advirtió uno de los manifestantes con quienes me topé en la zona. "Puede haber materiales explosivos." Caminando, a menos de 10 minutos del mar, me sorprendió una especie de cementerio de aviones de guerra, vehículos de combate, bombas oxidadas sin explotar y corroídas baterías antiaéreas. En lugar de encontrar conchas marinas, recogí restos metálicos de aviones y bombas. Los cientos, quizá miles de agujeros que había en cada uno de estos artefactos, los identificaban claramente como blancos en las prácticas de tiro. El panorama era desolador. Los arbustos quemados alrededor, una laguna a medio llenar y los grandes hoyos que simulaban la superficie lunar, me hicieron pensar que estaba en una zona de guerra.

A Puerto Rico le duele Vieques

Bueno, en realidad Vieques se había convertido en una zona de guerra para quienes deseaban que Puerto Rico se convirtiera en un país independiente. Aunque los manifestantes que se oponían a la presencia de la Marina habían sido desalojados en mayo del 2000, la lucha por liberar primero a Vieques y luego a Puerto Rico estaba muy lejos de terminar.

Efectivamente, Vieques había despertado la puertorriqueñeidad de millones y creado una clara conciencia de que los intereses de los puertorriqueños eran distintos a los de los norteamericanos. Es decir, Vieques había fracturado la idea de los estadistas de que los puertorriqueños y los norteamericanos podrían formar parte de un mismo pueblo. La propuesta de convertir a Puerto Rico en el estado 51 de la Unión Americana estaba más lejos que nunca de convertirse en realidad.

Vieques había distanciado irremediablemente a Puerto Rico de Estados Unidos. Y el imponer maniobras militares en Vieques, contrariando la voluntad de la mayoría de los puertorriqueños, sólo incrementaría dicha distancia.

A Puerto Rico le dolía Vieques. Y así es como comienzan los grandes cambios. Con dolor. Vieques liberó la imaginación de los puertorriqueños; Puerto Rico se había empezado a pensar sin Estados Unidos.

Ya no tenían que andar de la manita pa' todos lados.

10. Rubén Berríos:
361 días de independencia

Vieques, Puerto Rico. Rubén Berríos no lo sabía, pero en menos de 24 horas sería arrestado. Era el miércoles 3 de mayo del 2000 y él llevaba casi un año acampando —en señal de protesta— en las llamadas "zonas restringidas" de esta la isla Nena. Y no estaba dispuesto a salir de ahí por las buenas. "Yo no tengo reversa en esto", me dijo. "En los principios no tengo reversa."

Berríos decidió hacer de Vieques su causa cuando el 19 de abril del 99 dos bombas (de 500 libras cada una) fueron lanzadas desde un avión F-14 de la Marina norteamericana y mataron en un accidente al guardia civil David Sanes.

Pocos días después, el 8 de mayo, el ex senador independentista se fue a vivir a Vieques, muy cerca del lugar donde pereció el guardia. Para entonces, Sanes ya se había convertido en el símbolo de la lucha para evitar que la Marina norteamericana continuara con sus ejercicios militares en la isla.

Y para Berríos, Vieques era la circunstancia histórica que tanto necesitaba para adelantar su proyecto de un Puerto Rico independiente. Sus planes nunca fueron un secreto. En un artículo publicado a finales de 1997 por la revista *Foreign Affairs*, Berríos escribió:

> La independencia de Puerto Rico… ayudaría a Estados Unidos a poner fin a la contradicción de aspirar a ser el líder de la democracia a nivel mundial mientras continúa siendo un poder colonial. El colonialismo denigra al colonizado, pero también denigra al colonizador.

Ir a ver a Berríos no fue una empresa fácil. Tras volar desde San Juan a Vieques en una destartalada avioneta construida en 1975, fue preciso negociar con un pescador el recorrido de 45 minutos, en lancha, hasta el campamento en un extremo de la isla. El peligro de una operación militar para desalojar a cientos de manifestantes como Berríos ya era más que un rumor. Y por tierra no había paso.

La docena de coloridas tiendas de campaña en torno a una ondeante bandera puertorriqueña marcó, a lo lejos, nuestro punto de llegada. El pescador apagó el motor de la lancha. Lo único que rompía el silencio eran las olas rompiendo en una playa casi virgen.

Berríos me saludó con energía pero sin prisa. No había mucho más que hacer salvo hablar con la prensa… y esperar a los *marines*. Camisa blanca, impecable. Pantalón verde. Cómodos zapatos, tipo suecos, sin calcetines. Barba blanca, perfectamente afeitada.

Uñas cortas, muy cortas, limpísimas. Manos de pianista. Ojos claros. Atentos. Pensantes. Boca fina. Palabras precisas. Sesenta años curtidos bajo el sol caribe. Parecía un poco más delgado que en las fotografías a principios de la crisis. Había bajado 30 libras por un problema de diverticulitis. Pero ni eso lo sacó del campamento. Impensable ir a un hospital en San Juan. Un doctor lo iba a visitar cada dos semanas, le ponía suero y el resto lo curaba una dieta de pescado, arroz, plátano, zanahoria y yautía. El café estaba prohibido. Las ideas derrotistas también.

Durante nueve meses Berríos estuvo viviendo en una tienda de campaña. Pasó dos huracanes en una primitiva construcción de madera. Y los tres meses previos a su arresto los durmió en una casita con techo metálico.

"Lo que yo he hecho aquí es leer, Jorge", me dijo. En la mesa de su improvisado comedor había decenas de libros. Muchos sobre América Latina. Pero el que lo desvelaba durante las noches era una biografía de Kemal Ataturk (1881-1938), el fundador de la nueva Turquía. La comparación era inevitable. Le pregunté si en esos momentos él y sus compañeros se habían lanzado en un proyecto de repercusiones históricas. "Yo siento que se está haciendo la historia moderna de este siglo que está comenzando", me contestó sin titubear.

Pero Berríos tenía también preocupaciones más inmediatas.

"¿Usted cree que lo van a desalojar? ¿Tiene este temor?", le cuestioné.

"Yo creo que todavía ellos no han decidido si van a desalojar o no", me contestó. "Por un lado están lo que llaman en Estados Unidos los *warmongers*, los línea dura; y por otro lado está la gente sensata y racional. Y sería un acto de suprema irresponsabilidad política el arresto de nosotros. Esto tendría unas repercusiones horrendas para el presidente Clinton en Estados Unidos."

Una carta que Berríos le había enviado al propio Clinton, en el otoño del 99, lo tenía esperanzado en una solución negociada. Le decía: "Cinco años después que yo me gradué de la Universidad de Georgetown, usted entró en Georgetown; cinco años después que yo me gradué de Yale, usted entró en Yale; y cinco años después de Oxford, usted entró en Oxford. Usted tiene que haber aprendido las mismas cosas que yo ahí. ¿Usted no cree que es tiempo que una injusticia como ésta que viola la democracia, los principios norteamericanos, la resolvamos?"

Y tras leer la carta de Berríos, según reportó el diario *The New York Times*, Clinton escribió en uno de sus márgenes: "No nos quieren ahí". En esas palabras Berríos tenía anclado su optimismo. Creía que, en el fondo, Clinton entendía el problema.

No fue así.

El jueves 4 de mayo del 2000, por la madrugada, miembros del FBI, agentes federales y la policía local y estatal de Puerto Rico desalojaron por la fuerza a más de 200 manifestantes acampados en las "zonas restringidas", incluyendo a Rubén Berríos. Terminaron así los 361 días en que Vieques vivió de manera independiente de la Marina norteamericana.

Jorge Ramos: Explíqueme. ¿Qué fue lo que pasó? El 19 de octubre [de 1999], el gobernador Pedro Roselló dijo ni una bomba más. De pronto, en enero [del 2000] tenemos un cambio de postura. ¿Qué fue lo que pasó?

Rubén Berríos: Bueno, lo que pasó es muy sencillo. El presidente de Estados Unidos se reunió con el *Navy*, con la armada de Estados Unidos y llegaron a un arreglo que en efecto permitía la continuación del bombardeo por tres años más, con bala inerte, como dicen ellos. El gobernador de Puerto Rico pensó en forma muy clásica que si el presidente norteamericano y él decían eso, el pueblo puertorriqueño lo iba a aceptar.

Pero entonces el gobernador, después de hacer alardes de patriotismo —de que no iba a aceptar ni por seis minutos más el bombardeo—, se pliega a la exigencia del presidente. En ese momento prácticamente todos los obispos de Puerto Rico, de la iglesia católica y de todas las iglesias evangélicas, por primera vez se unen junto a nosotros que estamos en estas playas y dicen: no, el pueblo puertorriqueño no acepta esto.

J. R.: ¿Roselló traicionó a los puertorriqueños?

R. B.: Bueno, Roselló le dio la espalda a la voluntad de este pueblo. Dejó caer la bandera y los obispos la recogieron junto con el resto del pueblo e hicimos la marcha más grande en la historia de Puerto Rico. Los videos son testimonio de eso. Alguna gente calcula 250 mil personas en contra de la voluntad de Roselló y del ex gobernador Hernández Colón, que también se fue con Roselló. Se quedaron solos. El pueblo se unió por primera vez en demanda nacional por la paz en Vieques. Eso le ha quitado a este pueblo la impotencia; nos ha devuelto el respeto propio por primera vez, casi unánime, en este siglo.

J. R.: ¿Usted cree que Vieques está abriendo la posibilidad de que Puerto Rico sea independiente por primera vez en un siglo?

R. B.: Bueno, la independencia de Puerto Rico depende del respeto que los puertorriqueños nos guardemos a nosotros mismos y de que perdamos la impotencia. Y la impotencia está falleciendo con esto de Vieques porque tenemos a raya a la Marina de Estados Unidos durante todo este año y estamos nosotros recobrando un grado de respeto propio muy alto. Después que un país pierde la impotencia y gana el respeto propio y se da cuenta de su propia valía no hay barrera que se le ponga en medio. Y a la larga eso va a significar la soberanía para Puerto Rico.

J. R.: ¿Vieques hizo el cambio? ¿Vieques fue el catalizador que va a permitir la independencia?

R. B.: Yo creo que en unos años veremos que Vieques es el catalizador para la soberanía de Puerto Rico. No tengo la menor duda de esto. La historia de Puerto Rico se va a escribir antes y después de Vieques.

De pronto, un intenso ruido nos obligó a detener la entrevista. Un helicóptero rondaba en las montañas, muy cerca del campamento. Era un helicóptero de la Marina estadounidense. "Vienen todos los días a filmar", me dijo Berríos. "Son buenos soldados; hacen su homework *(tarea)." Las hélices se perdieron entre las copas de los árboles y continuamos la entrevista.*

J. R.: Por supuesto, es un tema que no tiene nada que ver, pero como usted sabe, hace muy pocos días se criticó al gobierno federal [de Estados Unidos] por el uso de la fuerza para sacar al niño Elián González de la casa de su familia en Miami. ¿Cree usted que el gobierno norteamericano tiene miedo de volver a dar esa impresión de que está abusando de su fuerza?

R. B.: Yo creo que las diferencias entre Vieques y el caso de Miami son bien grandes. Primero, aquí no estamos secuestrando a ningún niño. Aquí la moral está con nosotros. No con el padre por la custodia, como la mayoría de los norteamericanos interpreta. Y segundo, allá el problema se acaba con sacar al niño, como en efecto fue. Aquí comienza si nos arrestan a nosotros. En el caso de Miami había urgencia por la salud mental del niño. Esto es un caso totalmente diferente y sería una aventura escabrosa para el presidente Clinton meterse. No sé por qué lo haría.

J. R.: Usted me hablaba que Vieques puede generar la independencia final de Puerto Rico. Pero plebiscito tras plebiscito vemos que los independentistas no llegan al cinco por ciento de los votos. ¿Cómo explicaría entonces el surgimiento de la independencia?

R. B.: Bueno, durante este siglo en varias ocasiones —en el 14, el 36, en el 45— los independentistas hemos sido mayoría. Pero se nos reprimió y se nos aplastó. Algo que acepta ahora hasta el propio FBI. Hay una comisión del Senado de Puerto Rico para estudiar eso en este momento. Es decir que los votos, las elecciones, dependen del tiempo y las circunstancias. Igual que Vieques éramos minoría del cuatro por ciento y ahora somos la aplastante mayoría los que queremos sacar a la Marina, asimismo pasará con la soberanía de Puerto Rico. Es cuestión de tiempo y circunstancias. Y las circunstancias están empezando a cambiar aceleradamente como demuestra el caso de Vieques y la descriminalización del independentismo.

J. R.: ¿Usted cree que la estadidad está ahora más lejos que nunca en la historia de Puerto Rico?

R. B.: Eso. La estadidad es una pesadilla de una noche de verano. Eso ni le conviene a los norteamericanos ni le conviene a los puertorriqueños ni le conviene a los latinoamericanos. Estados Unidos es un país unitario en donde hay minorías que se respetan. Puerto Rico es una nación distinta.

En el campo, aquí en Puerto Rico tenemos una frase bien vieja: "Ningún jíbaro se echa un guabal al pecho". Es decir, ningún jíbaro se pone una araña en medio del pecho. Y el jíbaro americano no se va a echar esta araña al pecho.

J. R.: ¿Usted cree que los puertorriqueños tienen miedo de pensarse sin Estados Unidos?

R. B.: Bueno, no más de lo que tiene alguna otra gente. Yo creo que los puertorriqueños somos un pueblo bien patriótico. Demasiado patriotas somos los puertorriqueños cuando hemos mantenido el español, la puertorriqueñeidad, el orgullo en ser latinoamericanos, en contra de esta cornucopia de fondos federales [de Estados Unidos] y de la represión. Porque por un lado sobaban con los fondos federales y del otro lado han reprimido con la maceta. Y con todo y eso aquí estamos luchando, con la Marina a raya por un año.

Yo creo que este pueblo muy fácilmente va a optar por la soberanía en un periodo razonable de tiempo. Y la América Latina se debe sentir orgullosa de Puerto Rico; hemos sacado la cabeza por la latinoamericaneidad. El orgullo de que nosotros somos un pueblo, somos una nacionalidad única, una civilización latinoamericana. Que no somos mejor que nadie, pero peor tampoco. Y que hay que respetar nuestra forma de ser. Esto es lo que significa Puerto Rico.

J. R.: Lo que usted me dice es que el puertorriqueño nunca ha sido ni será norteamericano.

R. B.: Así mismo es. De la misma forma que las mayorías y las minorías electorales van y vuelven, las nacionalidades permanecen. Y Puerto Rico ni es, ni ha sido ni podrá ser jamás norteamericano. Y por lo tanto es latinoamericano y va a ocupar su lugar en el concierto de naciones libres latinoamericanas, con respeto hacia Estados Unidos y con buenas relaciones con el mundo entero muy pronto.

J. R.: Usted me decía que en muchos sentidos Puerto Rico ya es independiente. Pero que falta algo más. ¿En qué ya es [independiente] y qué le falta?

R. B.: En todas las manifestaciones visibles de lo que es una nacionalidad; en la cultura, el deporte, la música. Puerto Rico es puertorriqueño, es latinoamericano. Lo saben los que se han enamorado con la música de Pedro Flores o de Rafael Hernández en México y aquí en Puerto Rico lo sabemos los que nos hemos enamorado con la música de Guty Cárdenas o de Agustín Lara. Y en todo, en todo aquello que define a un pueblo para eternizarse, nosotros somos latinoamericanos. En lo único en lo que todavía no somos latinoamericanos es que no nos hemos puesto el ropaje y la dignidad de la soberanía política. Pero ésa nos la pondremos muy pronto.

J. R.: Ayúdeme a definir Puerto Rico. Cuando hablo con distintos puertorriqueños hay debates enormes sobre cómo llamarle: país, nación, colonia, Estado libre asociado. ¿Qué es Puerto Rico?

R. B.: Eso es semántica. O sea, hay gente aquí que dice que Puerto Rico no es una nación porque entienden nación en el término jurídico equivalente a ciudadanía a un país en particular. [Puerto Rico] es una nación, es un fenómeno histórico, un fenómeno político, cultural, sociológico. Quien no se da cuenta que Puerto Rico es Latinoamérica es alguien que tiene una confusión mental muy grande. Pero viene un sueco, un francés y un español, y no ve diferencia alguna entre un mexicano, un cubano, un dominicano, un puertorriqueño o un venezolano.

Posdata. Rubén Berríos fue detenido, pocas horas después de esta entrevista, la mañana del jueves 4 de mayo. El lunes 8 de mayo —exactamente un año después del establecimiento del campamento de Berríos— se reanudaron, con balas inertes, los ejercicios militares de la Marina norteamericana en Vieques.

11. La muerte huele a quemado

En el aire, entre Barquisimeto y La Fría, Venezuela. "Humo, humo", gritó uno de los periodistas. "Oiga, piloto, hay humo en la cabina."

Desde mi asiento en una avioneta de hélices para ocho pasajeros, vi una columnita de humo blanco —casi como vapor— saliendo del piso en la parte posterior de la nave.

"Heeeey, piloto", dije, tratando de controlar mi nerviosismo, "le están diciendo que hay humo". "Ya lo escuché", me contestó muy parco, "estamos revisando los instrumentos".

El primero en darse cuenta del problema fue Martín, uno de los dos camarógrafos que me acompañaban en febrero del 2000 en un viaje para entrevistar al presidente de Venezuela, Hugo Chávez. Desde las cuatro filas de asientos que nos separaban, Martín me hizo la señal de que algo olía a quemado.

Ángel, nuestro jefe de camarógrafos —con quien he recorrido América Latina—, y Marisa la productora confirmaron lo que yo no quería escuchar. "Huele a quemado", dijo Ángel, mientras Marisa reafirmaba la existencia del agudo olor moviendo su nariz.

Mi sentido del olfato es muy malo. Me han operado tres veces de la nariz y en cada intervención quirúrgica fui perdiendo la capacidad de oler. Ahora sólo detecto olores muy fuertes ¡y hasta yo también estaba oliendo algo a quemado!

El copiloto se paró de su asiento y fue a revisar la zona de donde salía el humo. Movió unos tapetitos, no vio nada raro y luego anunció: "Es el aire acondicionado".

Apagaron el sistema de calefacción e inmediatamente se sintió más frío en la cabina. Dejó de oler a humo. La avioneta siguió su ascenso. 16 mil, 17 mil, 18 mil pies de altura. Llevábamos unos 20 minutos de vuelo.

Nadie hablaba. Una de las dos mujeres del grupo —una funcionaria pública— se hizo la dormida, como tratando de olvidar el peligro.

Por dentro, me sentía como un metal retorcido. No quería creer que iba en una avioneta que se había llenado de humo. Pero así era. Pensé todo en un *flashazo*: en mis hijos, en el testamento que había firmado hacía sólo unos días, en el México de cuando era niño, en todo el tiempo perdido en tonterías… ¿Y si esto se incendia en el aire? Siempre me ha incomodado mucho la idea de morirme de mañana. ¡Todo un día desperdiciado! …y aún no daban las nueve de la mañana.

Iba sentado exactamente atrás del piloto y copiloto y, aunque no entiendo nada de aviación, veía con obsesión cada uno de sus movimientos, así como el ininteligible tablero de instrumentos buscando una lucecita roja que indicara problemas.

Nada.

Respiré profundo.

El altímetro seguía moviéndose hasta alcanzar los 24 mil pies de altura. De pronto, volvió a salir humo. Esta vez con mucha más intensidad. "Híjole", pensé, "ahora sí ya nos llevó la ching…"

Un rayo de luz se colaba por una ventanilla y se veía como una nubecita de polvo. "Eso es polvito", dijo la funcionaria pública, despertándose de su fingido sueño. "Nada de polvito", repuntó otro. "Yo fumo y eso no es polvito."

Sin decir una palabra, el piloto hizo descender la avioneta a 10 mil pies de altura. Luego, le dejó los instrumentos al copiloto —que no pasaba de los 25 años— y se volteó para decirnos: "Voy a despresurizar la cabina, van a sentir un dolor en sus oídos y si alguien se siente mareado o le falta el aire, díganmelo para que le dé su mascarilla de oxígeno". Despresurizó la cabina y dejó de salir humo.

"Tenemos una misión", continuó el piloto, un joven militar de la Fuerza Aérea Venezolana. "Hay que llegar a La Fría (donde comenzaría la gira del presidente Chávez), así que mi recomendación es que sigamos volando a esta altura hasta llegar."

Marisa y yo casi brincamos de nuestros asientos. "Pero ¿cómo sabe que no hay fuego en el avión?", le preguntamos. "¿No será mejor aterrizar y revisar la avioneta?"

"Es que tenemos una misión", insistió el piloto militar. "Ésa es mi recomendación y no me gustaría que hubiera una discusión entre los pasajeros y el piloto."

Él debe de saber más que nosotros, pensé. Pero al mismo tiempo no podía sacar de mi mente el accidente de avioneta en que murió John F. Kennedy Jr. ni el desastre aéreo de Alaska Airlines que le costó la vida a 88 personas.

No habían pasado ni cinco minutos cuando volvió a salir humo. En esta ocasión casi toda la cabina se llenó de un horrible olor a chamuscado. Empecé a perder el centro y se me ocurrió, irracionalmente, gritar: "Abran las ventanas", pero antes de abrir la boca me di cuenta de la estupidez que estaba a punto de decir. ¿Y si nos ahogamos?

Todos, de alguna manera, mantuvimos una actitud de cierta calma. Pero por dentro el miedo me chupaba. Sentí mis pectorales y mis cejas temblar sin control y las palmas de mis manos eran unos chorros de agua. Me toqué la frente y mi mano patinó con el sudor. Debajo de mis brazos había dos lagunas.

El olor nunca desapareció. Mientras, algunos hacían bromas. "A ver si no nos agarra la pelona", dijo alguien por ahí. No había de otra; era preciso hacer un aterrizaje de emergencia. El piloto se olvidó que tenía una misión y ya un poco pálido pidió permiso a la torre de control para aterrizar en el aeropuerto más cercano —una base militar en Barquisimeto— y 12 minutos más tarde tocamos tierra. Ángel, como un papa, besó el piso.

Ya en la pista nos dimos cuenta de lo que había pasado. "Qué idiotas somos", comentamos. "A la primera señal de humo debimos haberle dicho al piloto que se regresara." Pero claro, no supimos medir el peligro y no queríamos poner en riesgo la entrevista con Chávez. "Qué idiotas somos", repetí. Le di la espalda a la avioneta y me fui hacia el hangar diciendo: "Yo en esa mierda ya no me vuelvo a subir".

Tras cruzar el hangar, lo primero que vi fue un sacerdote católico que se nos acercaba; sotana negra, cuello blanco, paso tranquilo, calvicie incipiente, sonrisa amable.

Martín y yo nos echamos a reír, nerviosos. "Esto está de película", me dijo.

El padre Ángel —nos enteraríamos más tarde— visitaba la base militar todos los viernes por la mañana. No soy una persona religiosa, pero gustosamente le acepté al padre la tarjetita de una virgen —la Divina Pastora— y me la guardé en el bolsillo. No vaya a ser...

Más rápido cae un hablador que un cojo —le escuché alguna vez a mi madre— y yo caí. No, no me subí en la avioneta descompuesta. Pero otra exactamente igual —también con una tripulación militar— nos fue a recoger. Y estoy escribiendo esto mientras volamos hacia La Fría; como terapia confesional y para contar que nos salvamos por un pelito.

Ahora ya sé a qué huele la muerte. La muerte huele a quemado. Y lo sé porque estoy en tiempo extra.

12. Un día con Hugo Chávez

La Fría, estado Táchira. Venezuela. No conozco a ningún presidente que haga lo mismo que Hugo Chávez; ante los ojos aterrados de su equipo de seguridad, el presidente de Venezuela frecuentemente rompe el protocolo y se pierde en un mar de gente.

"Con Chávez tenemos un serio problema de seguridad", me reconoció uno de sus ministros. Le recordé el caso del ex candidato priísta a la presidencia de México, Luis Donaldo Colosio —que fue asesinado en medio de una multitud en 1994— y el ministro sólo alcanzó a decir: "Pero ¿qué le vamos a hacer? Así es Chávez".

"¡CHÁÁÁVEZ! ¡PRESIDEEENTE!", le grita la gente y él parece disfrutar del espectáculo. Él pregunta y recibe peticiones. Conversa y escucha problemas: que perdí mi casa por las lluvias, que no tengo empleo, que el alcalde o el concejal es un ladrón, que *mi'jito* está enfermo… Pero, sobre todo, la gente lo toca. Mucho.

217

Contrario a lo que ocurre con la mayoría de los mandatarios latinoamericanos que conozco, a Chávez no le asusta el contacto directo con la gente. "A Chávez le gusta estar con el soberano", me comentó con cierta ironía una periodista que lo acompaña frecuentemente, refiriéndose al soberano pueblo venezolano.

Lo besan, lo abrazan, lo acarician, le tocan el pelo negro libre de canas, sin una sola muestra de resistencia por parte de Chávez. Durante el día que lo acompañé en una gira de trabajo a las poblaciones de La Fría y Guarumito en febrero del 2000, ni una sola vez noté que el presidente se limpiara el sudor, la mugre y las manchas —a veces de lápiz labial— de sus múltiples contactos. Ni una.

"Tiene una energía positiva", me insistió la misma reportera ya convertida al chavismo. Lo que sí es cierto es que la energía de Chávez atrae papelitos. Cientos. Miles. Escritos a mano, con faltas de ortografía, en pedazos de revistas y periódicos, a colores, con fotos y llenos de esperanzas. Son las peticiones de la gente, como si Chávez fuera un semidiós y de un plumazo pudiera resolver todos sus problemas.

Chávez es un apasionado de su país y fanático de América Latina. Algunos venezolanos en Estados Unidos me aseguraron que Chávez tenía un plan encubierto. "Quiere llevar a Venezuela al socialismo", me dijeron. No lo sé. Sin embargo, Chávez a mí me dio la impresión de gobernar a base de improvisaciones e instinto político.

Y si bien no hay consenso sobre la dirección en la que va Venezuela, en lo que sí coinciden todos es que el alma de Chávez se desborda por su boca. Habla mucho, dicen varios de sus principales críticos; en mítines, en cadena nacional, con quien se le ponga enfrente.

En una práctica que ya se ha convertido en ritual, Chávez viaja con varios de sus ministros al interior del país y les ordena —inmediatamente, *in situ*— atender casos particulares de personas que piden ayuda. Y a estas alturas ya ni los ministros se sorprenden. Me tocó ver a varios de ellos tomar nota, humildemente, con pluma y papel, de problemas de gente que nunca en su vida habían visto a un ministro y mucho menos hablado con uno. Esos casos, vale decir, generalmente se resuelven. Pero Venezuela tiene unos 18 millones de habitantes y no todos ellos tienen acceso a un ministro.

Este estilo de gobernar, fuera de Venezuela, fácilmente podría ser descrito como populista y demagógico. Pero en Venezuela a mucha gente, con quien me topé, le fascina.

Durante un acto público, Chávez se puso a leer en voz alta y con micrófono en mano las pancartas y los letreros de los asistentes. Así, a los alumnos de la Unidad Educativa Pedro Antonio Ríos Reina que se quejaban de llevar meses sin un director, los puso a hablar con el ministro de Educación y a los desempleados y damnificados con el encargado del Fondo Único Social.

Los niños conmueven a Chávez.

"¡No cargue así a esa niña!", reprimió Chávez a un hombre que acercó a su hija enferma a la tarima presidencial. "¿Usted es el papá? ¡No la cargue así!" Inmediatamente le llamó al ministro de Salud para que viera qué le pasaba a la niña.

Otro niño, tuerto, hizo explotar la retórica chavista. "¿Es justo que haya por ahí un niño sin un ojo —como éste— que me hace llorar a mí?", se preguntó casi gritando. Para luego seguir con su tema favorito: cómo los políticos de los dos partidos tradicionales acabaron con el país que él, Chávez, tiene que resucitar.

"De cada 100 venezolanos, 80 están en la pobreza", les explicó Chávez a cientos de sus simpatizantes que se arremolinaban frente al estrado. "Al país lo robaron durante 40 años una pila de bandidos." Aplausos. "Nos robaron un país delante de nosotros mismos; por cobardes o inocentes." Más aplausos. "El país está como un edificio destruido y nos toca a nosotros levantarlo." Muchos gritos y aplausos.

De ahí pasó a otro de sus temas favoritos: cómo la oligarquía venezolana —dentro y fuera del país— y los dueños de algunos medios de comunicación están atacando su presidencia.

"Yo no me dejo chantajear por nadie", dijo Chávez. "Si ustedes escuchan la radio y leen la prensa van a creer que esto es un desastre." "¡Nooo!", gritó la gente en coro. "Si ustedes quieren pudieran botarme de la presidencia el próximo 28 de mayo", sugirió Chávez apuntando la fecha de las elecciones presidenciales. "¡¡¡Noooooo!!!", se oyó más fuerte.

Chávez tiene una bien desarrollada capacidad teatral. Habla con un lenguaje muy sencillo —"a ver negra, véngase *pa' ca*"—, maneja a la perfección las pausas y los efectos escénicos, y nunca desaprovecha una oportunidad de aparecer frente a las cámaras de televisión con la gente común y corriente y con los soldados rasos.

En la ceremonia que le habían preparado a su llegada en el aeropuertito de La Fría, Chávez se brincó olímpicamente a los altos mandos militares de la región —los cuales lo esperaban firmes y en filita— y se fue a meter a un tanque de guerra. Ahí, los sorprendidos soldados no sabían qué hacer con un presidente que les preguntaba por su familia y por la ametralladora que operaban.

Al verlo arriba del tanque, con su uniforme verde olivo, sus botas negras y su boina roja, era imposible no pensar en que este militar podría estar todavía en la cárcel —por su fracasado intento de golpe de Estado en 1992— de no haber sido por la controversial amnistía que le concedió el ex presidente Rafael Caldera. Y lo que Chávez no logró con las botas lo obtuvo con votos. El 5 de diciembre de 1998 consiguió una abrumadora victoria electoral.

Desde entonces en Venezuela ya se han realizado varios plebiscitos y escrito una nueva Constitución. Esa nueva carta magna le permitirá legalmente a

Chávez quedarse en el poder —no cinco años como la antigua Constitución— sino hasta 13 años. Y los planes de Chávez son utilizarlos todos.

"Dentro de 10 años se le verá a Venezuela, otra vez, la cara bonita", anunció. Y para él, su proyecto de la "bonita Venezuela" implica un país sin desempleados, con casas, con educación y salud, con menos delincuencia. Y para eso, advirtió a los asistentes a su mitin, "ustedes tienen que ser revolucionarios".

Chávez constantemente mezcla sus citas revolucionarias con pasajes bíblicos y referencias a Jesucristo. En un discurso comparó su labor —de reconstruir Venezuela— al calvario de Cristo.

A pesar de su imagen tan positiva dentro de Venezuela, Chávez parecía estarse desgastando. Su popularidad había bajado en su primer año de gobierno del 90 por ciento al 69. ¿Por qué? Bueno, porque en ese primer año en el poder la economía se contrajo en un siete por ciento, más de 500 mil personas se unieron a las filas del desempleo y la criminalidad no pudo ser controlada; en la tercera semana de febrero del 2000, 42 personas murieron violentamente en Caracas.

Una encuesta de la empresa Datanálisis (febrero 22 del 2000) mostraba que el 60 por ciento de la población estaba "insatisfecha" con la gestión de Chávez por la falta de empleos y la delincuencia.

Este desgaste también tiene su eco en el exterior. En Miami, por ejemplo, a donde habían llegado muchos capitales venezolanos desde principios del 99, es fácil escuchar que Chávez trata de convertir a Venezuela en otra Cuba y que su experimento social empezó y terminará mal.

Un defensor de los derechos humanos en Venezuela concuerda. "La gente votó por Chávez como un desahogo contra 40 años de injusticia y corrupción y acumulación de la riqueza", me comentó. Ahora Chávez está obligado a transformar ese odio y ese resentimiento en algo que funcione... y pronto. En el exterior muchos dudan que Chávez pueda con el paquete. Por eso han puesto su dinero con sus dudas; en el extranjero.

Pero para la mayoría de los habitantes de Venezuela, su apuesta es que el chavismo acabe por despegar. Porque, por ahora, ésa es su única opción.

Ataques a la prensa

Mal, muy mal, sonaban al principio del 2000 las críticas del presidente de la República Bolivariana de Venezuela, Hugo Chávez, a la prensa. Eran señales inequívocas de todo gobierno autoritario.

Primero, el director del periódico *El Mundo*, Teodoro Petkoff, fue obligado a renunciar por presiones gubernamentales a los dueños. Otros diarios venezolanos, al igual que la radio y la televisión privadas, estaban bajo el constante escrutinio de asesores militares chavistas.

Luego, se aprobó una nueva Constitución que dejaba en manos del gobierno la determinación de lo que era información veraz y objetiva. Y más tarde vinieron las furibundas quejas de Chávez al diario *The Miami Herald* por publicar, con un documento oficial como prueba, que el presidente no tomó las precauciones necesarias a pesar de que sí sabía sobre el peligro de las terribles inundaciones en diciembre del 99.

¿Quién seguía? ¿Dónde estaba quedando la libertad de prensa?

La entrevista

De los 24 periodistas que acompañamos a Chávez el viernes 18 de febrero del 2000, ocho eran de Cuba. Es obvio que el interés de Chávez en Cuba es tal que requiere a tantos periodistas para cubrirlo. Ocho.

Y los periodistas, desde luego, queríamos hablar con él, sobre todo después de que había dejado de dar entrevistas para concentrarse en cadenas a nivel nacional. En las dos semanas previas a nuestra visita, Chávez había interrumpido las telenovelas (o culebrones, como le dicen en Venezuela) seis veces para hablar de... de todo.

Sin embargo, tras una agotadora espera de 12 horas y de perseguirlo en dos avionetas y un helicóptero, aceptó conversar conmigo 10 minutos en la población de Guarumito, muy cerca de la frontera con Colombia; después de la visita a una fábrica de productos lácteos y antes de la entrega de unas casas a los damnificados por las lluvias (o "dignificados" como él eufemísticamente les llama).

Lo que sí estaba muy claro es que de nada sirvieron las semanas de intercambios de telefonazos y faxes con sus asesores de prensa, que nos habían prometido la entrevista con Chávez en el avión presidencial. Y tampoco tuvieron éxito las solicitudes —y a veces, hasta súplicas— de hablar con él, tranquilo, en el Palacio de Miraflores en Caracas.

"No", me dijo uno de sus asesores, "él no es un presidente de silla y escritorio; él quiere que la entrevista se realice en medio de la gente". Y así fue.

Rodeados de docenas de "dignificados" en Guarumito, me senté a conversar con Hugo Chávez en una cancha de basquetbol de cemento. Las sillas eran de plástico blanco, patas de metal y el sol amenazaba con huir. Pero Chávez, después de un día completo de discursos, todavía tenía ganas de hablar.

Boina roja. Traje militar verde, de combate. Botas negras. Total concentración.

Chávez siempre ha sido una persona segura; lo había entrevistado ya en dos ocasiones anteriores. Pero esta vez lo noté impaciente y muy incómodo con preguntas que no le gustaban. Aunque, eso sí, su deseo de mantener el control total continuaba intacto.

Jorge Ramos: En el exterior se preguntan ¿qué está usted celebrando después de un año [de gobierno]? Están viendo que la economía decreció en un siete por ciento, que tiene 600 mil desempleados más, que hay más pobres que antes, que algunos de sus principales asesores han sido acusados de corrupción, que acusan a miembros del ejército de, supuestamente, haber asesinado a personas... ¿qué está celebrando?

Hugo Chávez: En Venezuela estamos celebrando todos los que aquí estamos, millones como él (*y apunta a un niño*), millones como esa inocente que está ahí, millones como esa señora que está ahí, el inicio de un renacimiento. Nosotros venimos de la tumba y el mundo entero pues tendrá que irlo aprendiendo poco a poco. Es un reto para el mundo. Es un reto para este mundo de hoy entendernos. Más allá de lo que se pueda decir o de las verdades o medias verdades que alguien con mala intención o falta de visión general saca con una pinza para hacer el resumen que tú has hecho... Y a mí ya no me importa eso. Te lo juro. Me importa, sí, la realidad de mi pueblo, me importa el dolor de mi pueblo y me mueve el amor, el inmenso amor que sentimos por la humanidad.

La organización de derechos humanos, PROVEA, había denunciado varios abusos de policías y soldados después de las terribles inundaciones de diciembre del 99 cuando murieron más de 20 mil personas. Y su coordinador jurídico, Marino Alvarado, me había comentado en una entrevista lo siguiente: "Nos empezaron a llegar denuncias, por ejemplo, de policías que allanaban casas... policías que detenían personas y las maltrataban, las torturaban. Incluso, mujeres que denunciaron que habían sido violadas por funcionarios policiales o militares. Y lo más grave era personas que denunciaban que habían visto cómo funcionarios policiales y militares ejecutaban extrajudicialmente a personas". Y había que preguntarle a Chávez sobre esto, sobre todo, después de sus promesas de que no aceptaría la impunidad ni la corrupción en su gobierno.

J. R.: *¿Cómo responde a las denuncias de que miembros de su ejército supuestamente ajusticiaron a civiles después de las lluvias?*

H. CH.: Bueno, eso se está investigando. Si hubiera algún responsable, uno o 10, ten la plena seguridad que serán sancionados por una justicia que ahora sí está naciendo en Venezuela, un poder judicial nuevo. Porque también hay que decirle al mundo que el producto de la revolución política pacífica y democrática, el sistema que está naciendo, ha venido desplazando a un sistema corrompido y podrido. Han salido más de 200 jueces por corrupción en menos de un año. Eso hay que decírselo al mundo. Aquí en Venezuela por primera vez en muchos años, pacíficamente, sin un disparo, sin un preso, sin un perseguido, hemos sacado a más de 200 jueces por corrupción…

Si hubiera algún responsable de algunas denuncias que surgieron en Vargas, pues serán sancionados. Pero también hay que decirle al mundo la otra cara de la moneda. Es que una gran operación cívico-militar, entre el 16 de diciembre y el 28 de diciembre [del 99], aproximadamente, salvó, nosotros salvamos, 100 mil personas que estaban bloqueadas. Aquí hay un grupo de ellos. ¿Quieres verles la cara a algunos? (*Chávez se pone a conversar con algunos de los damnificados que nos rodean.*) También es cierto que entonces se desató una ola de saqueos y las fuerzas policiales tuvieron que tomar algunas regiones.

J. R.: Usted está en contra de la impunidad. O sea que no permitiría que sus propios soldados ajusticiaran a civiles…

H. CH.: Pero por supuesto. No, no, no, no. Un soldado verdadero no ajusticia a nadie. Un policía verdadero tiene que ser humanista primero que nada. Si hay un saqueador, se detiene y tiene que ir preso.

J. R.: O sea que va a ir hasta las últimas consecuencias.

H. CH.: Iremos hasta las últimas consecuencias. Pero hay que decirle al mundo que esas fuerzas armadas y esos voluntarios —defensa civil y aquí vinieron unos norteamericanos y cubanos y brasileños y mexicanos— salvamos entre todos a unas 100 mil personas. *(Abraza a un niño.)* Aquí está uno de ellos. Viviendo.

En otro tipo de acusaciones, el ex director de la policía de gobierno, el teniente coronel retirado, Jesús Urdaneta, presentó 46 casos de corrupción en contra del gobierno de Chávez. La acusación más grave fue contra el presidente de la comisión legislativa, Luis Miquilena. Éste fue acusado de otorgar la impresión de miles de ejemplares de la nueva Constitución a una empresa de la que era socio. Sin concurso. Además, Urdaneta denunció que Miquilena y su canciller José Vicente Rangel "han manipulado" a Chávez, quien "no se ha dado cuenta del engaño en que se encuentra".

J. R.: En otros temas, usted hizo campaña en contra de la corrupción; sin embargo, ahora dos de sus principales asesores están acusados de corrupción. ¿Qué está pasando?

H. CH.: Bueno, acusaciones se pueden hacer.

J. R.: ¿Usted no cree que hicieron nada malo?

H. CH.: El asunto está en que se demuestre. Yo no voy a decir qué hicieron o no hicieron. Yo sencillamente le digo al país y al mundo: aquí y ahora sí es verdad que tenemos una república verdadera. Durante 40 años aquí robaron, aquí se enriquecieron presidentes, gobernadores, jueces y nunca hubo un solo detenido. Jamás. Desde presidentes para abajo... Si a mí me acusan de algún hecho de corrupción, que busquen las pruebas y que se investigue. Si salgo yo comprometido con algún hecho de corrupción, debo ir a prisión. Sea quien sea.

J. R.: ¿Ellos [sus asesores] deberían ir a prisión si son encontrados culpables?

H. CH.: Sea quien sea.

J. R.: ¿Deberían renunciar a su puesto mientras los investigan?

H. CH.: No, no, no lo creo. Tienen que investigarlos. Si hubiere un señalamiento directo y concreto. Pero yo quiero también decirte lo siguiente: por primera vez en muchos años en Venezuela, un gobierno, un presidente le ordena —es una orden que yo di— a la policía política... que investigue hechos o denuncias de corrupción de su propio gobierno.

Una corte exculpó meses después de las acusaciones a Luis Miquilena y el canciller Rangel nunca fue denunciado formalmente.

J. R.: Déjeme regresar brevemente a una controversia surgida el día del plebiscito [el 15 de diciembre de 1999, en que fue aprobada la nueva Constitución]. En el exterior existe la idea de que usted no quiso suspender el plebiscito a pesar de tener informes de que la magnitud de las lluvias pudiera ser terrible y que ya había varios muertos. ¿Cómo responde usted a estas acusaciones?

H. CH.: Bueno, son infamias.

J. R.: ¿Usted nunca supo [nada] antes [de las lluvias]?

H. CH.: Son infamias. Tú sabes que nosotros estamos aquí enfrentados a cúpulas que tienen mucho poder... Los dueños de medios dicen mentiras, elaboran mentiras. Los medios de comunicación no siempre están al servicio de la verdad. Aquí en Venezuela durante mucho tiempo estuvieron al servicio de la mentira para tapar hechos horrorosos, para fabricar falsas imágenes; como al presidente Lusinchi en su tiempo, un inmenso corrupto, y los medios de comunicación lo convirtieron en el presidente más simpático de la historia.

J. R.: Pero ¿usted sabía señor presidente, el 15 de diciembre, que había estas lluvias?

H. CH.: No, yo no quiero responder a esas imputaciones. Y te pido que pases esto al mundo. El mundo tiene que saber lo que pasa en Venezuela. Y por eso te agradezco que estés aquí una vez más. Porque hay cuántas mentiras que a ustedes los ponen a repetirlas y entonces difunden ustedes al mundo mentiras, irrespetando [sic] a un pueblo que quiere dignidad... Estamos enfrentados a un grupo, a unas mafias, que son capaces de cualquier cosa y entonces inventan una pila de cosas absurdas y eso le da la vuelta al mundo.

J. R.: Entonces, usted dice que ellos inventaron...

H. CH.: Pero por supuesto... El 15 de diciembre fue el referéndum, un referéndum que pasó a la historia. El pueblo aprobó la Constitución bolivariana a pesar de que, sí, tenía varios días lloviendo, ¿verdad? A las nueve de la mañana de ese día estaban instaladas el 90 y tantos por ciento de las mesas electorales, incluyendo Vargas. Pero en Vargas igual que en casi todo el país votó más de la mitad de la población. El día 15, hasta en la noche, estábamos anunciando resultados de las elecciones.

Nosotros nos reunimos el 15 en la tarde para recabar los resultados y llegaron los primeros informes de Vargas de que había habido unos derrumbes. Y había, según los primeros informes [de Defensa Civil], unos 15 muertos. Y yo decidí suspender una conmemoración, celebración popular, que había en el Palacio de gobierno, en la calle. Yo le dije al país —recuerdo mi primera frase—: "Éste ha sido un parto con dolor" porque tenemos información de unos 20 muertos en Vargas. El primer derrumbe. El 15 en la noche, después que el referéndum había terminado.

J. R.: ¿Usted no tuvo reportes antes?

H. CH.: Veinte muertos te estoy diciendo. Ese día. Ese día. Luego en la noche, en la madrugada comenzó el desastre, amaneciendo el 16. Bueno, llovió sobre una zona de Venezuela en tres días lo equivalente a un año de lluvia. Se vino el cielo hacia abajo. Afortunadamente, ese día se hizo el referéndum. ¿Sabes por qué? Porque las tropas estaban dispersas por todo ese territorio y las tropas no se retiraron sino que permanecieron junto a la gente y comenzaron a salvar gente. Afortunadamente teníamos un sistema de comunicaciones militares, instalado para el referéndum. Yo la noche de la madrugada del 16, desde mi residencia, comencé por radio a comunicarme con algunos puestos de mando en el litoral.

¿Dónde estaba el presidente Hugo Chávez el 16 de diciembre de 1999? Bueno, según el historiador y ex asesor de Chávez, Jorge Olavarría, "el presidente de la república no estaba donde debía estar el 16". Olavarría dice no tener pruebas contundentes y definitivas de que Chávez estaba en la isla de la Orchila entrevistándose con Fidel Castro, como algunos han rumorado. Pero lo que sí asegura Olavarría es que

"a las 6 de la tarde del día 16 de diciembre el canci-
ller, José Vicente Rangel, fue convocado por el jefe de
la Casa Militar al Palacio de Miraflores... porque el
presidente no estaba". De nuevo. ¿Dónde estaba
Chávez el 16 de diciembre de 1999?

J. R.: ¿Usted estaba en [el Palacio de] Miraflores el
16 en la madrugada?

H. CH.: No. Me fui a medianoche hacia la Casona, mi
residencia.

J. R.: Porque hay informes de que estuvo en [la isla
de] Orchila...

H. CH.: Claro, tú estás repitiendo basura. Tú lo que
estás aquí es repitiendo basura.

J. R.: ¿Eso no es cierto?

H. CH.: Estás repitiendo basura, hermano.

J. R.: Por eso le quiero preguntar...

H. CH.: Yo te respondo con mi dignidad. Y por la dignidad de un pueblo. Tú por tu boca estás repitiendo
basura.

J. R.: Yo le estoy preguntando. Mi labor es preguntar.

H. CH.: Está bien. Está bien. Pero estás recogiendo la basura. Estás recogiendo el basurero, el estercolero. ¿Por qué no recoges otra cosa?

J. R.: *Bueno, es legítimo preguntar como periodista, ¿no?*

H. CH.: Es legítimo. Pero también es legítimo...

J. R.: *La información que tenemos —que me llegó por la internet— es que fue a la isla de Orchila con Fidel Castro.*

(*Hugo Chávez se ríe y luego se ríen los ministros que lo acompañan.*)

J. R.: *Bueno, si no es cierto, ésta es la oportunidad que tenemos para que nos lo conteste.*

H. CH.: Pero, es que, ven acá. Pero es que tú vienes con el basurero, hermano. Yo te recibo con un basurero. Ésta no es una falta de respeto para ti. Pero es la verdad. Yo tengo que decirte la verdad.

J. R.: *Por eso se lo quiero preguntar a usted.*

H. CH.: Tú cargas una bolsa de basura. Ustedes vienen —¿de allá de Miami vienes tú?— con una bolsa de basura.

J. R.: Mi pregunta es, nada más...

H. CH.: Pero óyeme, óyeme.

J. R.: ...quiero saber si estuvo ahí o no.

H. CH.: ¿Estoy obligado yo a responder sólo lo que tú quieres preguntar?

J. R.: No, claro que no.

H. CH.: Tengo el derecho a expresarme también, ¿verdad? Entonces te repito, hermano, con todo mi respeto. Ustedes cargan una bolsa de basura. Pareciera que a ustedes les llega sólo basura. Pareciera que hay un canal hacia allá, donde va pura basura. Y si va algún sentimiento digno, se queda en el camino o ustedes no saben recogerlo.

J. R.: ¿Por qué pasa eso?

H. CH.: Yo no sé por qué.

J. R.: ¿Por qué la imagen suya en el exterior es distinta?

H. CH.: Quizás hay predisposición allá y en los que mandan la basura. Y es posible que ustedes no tengan un mecanismo de detección de basura. Que no se den cuenta que lo que viene es estiércol. Y que tú te pones con tu dignidad, a repetir por tu boca, el basurero.

J. R.: Por eso quiero preguntárselo a usted.

H. CH.: ...Tú vienes aquí a decir...

J. R.: No. A preguntar.

H. CH.: A preguntar, fíjate tú, a preguntar. ¿Pero qué clase de cosas preguntas? Que si yo estaba en la Orchila con Fidel Castro bebiendo caña.

J. R.: Yo no dije eso.

H. CH.: Bueno, eso es lo que dicen y tú lo tienes escrito ahí. El 16 [de diciembre] yo estaba ese día arriesgando mi vida —en helicóptero, le ordené a mi piloto: "Usted se mete a Vargas como sea aunque nos estrellemos"— y me vio mucha gente. Y esa tarde empecé a llorar yo, con los niños —con mis niños—, con las mujeres, con un señor que me dijo: "Chávez, la corriente me llevó tres niños; se los llevó". Y se puso a llorar y yo a llorar con él. Y regresé a Caracas como a las nueve de la noche en la oscuridad. Y eso está grabado. Lo sabe mucha gente. Lo que a mí me extraña es que a ustedes les llegue sólo la basura.

J. R.: No. Yo creo que es legítimo preguntar y, sobre todo, preguntarle a la fuente.

En medio de la conversación, uno de sus ministros le tocó la espalda al presidente, haciéndole saber que ya nos habíamos pasado bastante de los 10 minutos asignados a la entrevista. "Tranquilo", dijo Chávez, "vamos a conversar un poquito más". Así, pide un café —"dame un cafecito, por favor"— y dirige la plática hacia un tema que le interesa más.

H. CH.: El mundo debe saber lo siguiente. La inflación en Venezuela [en el 99] fue la mínima en los últimos 13 años. Bajamos a 19.5 la inflación. Las reservas internacionales de Venezuela, hoy, están muy por encima del equilibrio. Tenemos para más de un año de importaciones; más de 15 mil millones de dólares, o sea, un incremento notable. Las tasas de interés bancario que estaban en un 80 por ciento cayeron 20 puntos en un año. El precio del petróleo se triplicó en un año. Hay una estabilidad cambiaria plena. Una política...

Ahí nos vuelven a interrumpir. Estaban llegando las dos tazas de café que había pedido el presidente. Me ofrece una y se queda con la otra. Sorbe con calma su café.

J. R.: Hay todo tipo de cafés en Venezuela, ¿no?

H. CH.: Es muy bueno. El café venezolano es muy bueno. Extraordinario.

J. R.: ¿Cómo le gusta el café a usted?

H. CH.: Muy guarapo.

J. R.: ¿Qué quiere decir eso?

H. CH.: Guarapo, muy clarito. Casi más agua que café. Muy suavecito. Guayoyo, se llama. Bueno...¡Viva México! *(y con su taza toca la mía).*

J. R.: ¡Viva Venezuela!

Chávez sorbe su café y retoma inmediatamente la idea que había dejado colgando antes de que nos interrumpieran.

H. CH.: Entonces, una serie de indicadores económicos muy positivos que nos hacen ver, sin duda, que ahora viene un repunte económico este año. Y además tú estás viendo —hoy lo has visto— cómo estamos acompañando la política macroeconómica —en la que hemos tenido en un año éxitos indudables— con una política de desarrollo sobre el propio territorio; vamos a activar este año 10 zonas industriales que estaban desactivadas, microempresas, turismo, petróleo, gas, petroquímica, pesca. Ahora sí vamos a tener un modelo económico integral que genere empleo; el desempleo es producto de un modelo económico del neoliberalismo... Y el modelo petrolero no es empleador; las empresas petroleras emplean apenas al uno por ciento de la fuerza económicamente activa. Lo que emplea es la agricultura, la pequeña empresa, la industria, el turismo. En esa dirección vamos, pero apenas estamos saliendo de un infierno.

J. R.: ¿Es la idea de la bella Venezuela de la que usted hablaba hoy?

H. CH.: La bonita Venezuela. Hacia allá vamos pero será un camino largo, difícil y muy duro.

J. R.: Señor presidente, usted en La Habana dijo: "El cauce que está construyendo el pueblo de Venezuela es el mismo cauce y va hacia el mismo mar hacia el que marcha el pueblo cubano". ¿A qué se refiere? ¿Hacia a dónde quiere llevar a Venezuela?

H. CH.: Lo mismo que diría yo en Ciudad de México. Y lo he dicho. Lo mismo que diría yo en Bogotá o en Cúcuta. Lo mismo que diría y lo he dicho en Río de Janeiro y Brasilia. Lo mismo que diría en Buenos Aires o en Montevideo o en Puerto Príncipe o en Santo Domingo. Lo que pasa es que ustedes tienen allá en Miami...

J. R.: Me está echando la culpa de todos los males.

H. CH.: No, a ti no. Hablo de ustedes allá. Yo creo que pudiera acercarse eso a una obsesión. Es una fobia.

J. R.: Sí es obsesión. Hay mucho venezolano ahí que lo sigue muy de cerca y tienen una imagen de usted totalmente distinta a la que usted tiene aquí. Yo veo las encuestas, tiene 70 por ciento de popularidad, la gente se le acerca y lo quiere tocar. Pero en Estados Unidos los venezolanos tienen una imagen muy distinta de usted. Por ejemplo, cuando dijo esta frase en Cuba, ellos pensaban que usted quería llevar a Venezuela al cauce del comunismo. Por ejemplo, cuando le dijo "hermano Fidel" al líder cubano, sintieron que se estaba vinculando demasiado a una dictadura. Ése es el tipo de cosas que les preocupan allá.

H. CH.: A mí no me preocupa que a ellos les preocupe. Absolutamente. A mí lo que me preocupa es mi pueblo. Éste sí. Y bueno, el que le quiera ver cinco patas al gato se las ve. El que quiere ver fantasmas en la noche los ve.

J. R.: No. Ellos lo que dicen es que usted está llevando un gobierno muy centralizado y hacia la izquierda.

H. CH.: Bueno. Que lo digan. Pero que vengan a ver la realidad aquí… Que yo le diga "hermano" a Fidel

Castro, a ti te digo hermano. Yo soy católico y profundamente cristiano. Mira, yo voy a una cárcel, donde esté encerrado el delincuente más peligroso del mundo y te juro que lo veo y le digo: hermano. ¿No somos hijos de Dios o qué?

J. R.: Es que me extraña que le llame hermano [a Fidel Castro] porque el 5 de diciembre [de 1998] —¿se acuerda?, cuando usted y yo hablamos— le pregunté sobre Cuba y me dijo: "Sí es una dictadura". Entonces le está llamando "hermano" al líder de una dictadura. ¿No hay una contradicción?

H. CH.: Más allá de que si tú dijiste dictadura y yo dije que sí o dije que no —porque habría que contextualizar lo que dije—, yo no soy quién para condenar al régimen cubano ni al régimen estadounidense...

El gobierno cubano, ése es un asunto del pueblo cubano. El gobierno norteamericano y sus decisiones, ése es un asunto del pueblo norteamericano. El gobierno de Francia y sus decisiones es un asunto del pueblo de Francia. No del pueblo venezolano. Yo no puedo condenar desde aquí al gobierno de Francia ni de Alemania ni de India.

Y luego, antes de acabar, Chávez utilizó otra de sus frecuentes referencias a Jesucristo.

H. CH.: Digamos las verdades al mundo... Yo clamo ante ti, Jorge, y ante ustedes: digamos la verdad a los hombres. Salgamos de un mundo de mentiras que es lo que nos tiene así; en un mundo de desigualdades, de hambre, de guerra, de imposiciones, de miseria, de frustraciones. Si para algo vino Cristo al mundo fue para decir la verdad y por eso los pueblos, que son sabios, dicen: por la verdad murió Cristo. Por la verdad vivamos ahora en un nuevo mundo. Un saludo a todo el mundo.

Y así terminó la entrevista, con el presidente levantando su taza de café una vez más —en esta ocasión por el mundo—, con la gente aplaudiendo y con el atardecer que se nos echaba encima y apresuraba nuestro regreso en helicóptero de Guarumito al aeropuerto de La Fría.

Posdata. El presidente Chávez fue reelecto para un periodo de seis años más en las votaciones del 31 de julio del 2000, imponiéndose sin muchos problemas a su ex amigo Francisco Arias. Pocos días después, el jueves 10 de agosto, Chávez se ganó el dudoso honor de convertirse en el primer líder elegido democráticamente en ir a visitar en Bagdad al dictador Saddam Hussein. "Si Estados Unidos se enoja ¿qué puedo hacer?", se preguntó retóricamente Chávez en Irak. Mientras tanto, en Venezuela, la prensa no sabía si destacar la independencia de la política exterior de su presidente o su afición a reunirse con dictadores.

Segunda parte
Una mirada hacia adelante

13. Adictos al celular

Ashville, Carolina del Norte. Estaba cenando con mi hija Paola en un restaurantito italiano, en la falda de los montes Apalaches, cuando me di cuenta que algo faltaba. Se respiraba tranquilidad. Nadie se movía rápidamente. Las personas en las otras mesas conversaban casi en susurros. Se oía claramente el chocar de los cubiertos en los platos de *fettucine, carpaccio,* ensalada *caprese* y *tiramisú.* Pero faltaba algo. Claro. ¡Faltaban los teléfonos celulares!

La ciudad donde vivo —Miami— y la gente con la que trabajo —periodistas— son tan adictos a los teléfonos celulares que mi idea de normalidad es comer al ritmo de los *riiiiings* y de los *biiiips.* Bueno, los teléfonos de hoy son tan complejos que casi podemos escuchar una sinfonía completa —no exagero— cada vez que suenan.

"Es para saber que me hablan a mí", me comentó una amiga cuyo celular entona una canción de caballería cada vez que le llaman. Y en eso tiene razón. He estado en reuniones donde el sonido de un teléfono celular hace que todo el mundo se detenga a buscar si es a él o a ella a quien llaman. Hace poco, en el cine, presencié una chistosa escena en la que personas de varias filas buscaban su teléfono para asegurarse que no eran ellos los que interrumpían groseramente la película. Mi amiga no tiene ese problema. Cuando la llaman, todos saben que es a ella.

Los celulares se crearon, supuestamente, para facilitarnos la vida. Pero hay gente encadenada a ellos. No sé por qué, pero la llamada a un celular denota cierto sentido de urgencia. Conozco a muy pocos que se pueden resistir a la tentación de contestar la llamada a su celular. Y nunca, nunca, me ha tocado estar con alguien que interrumpe nuestra conversación para contestar el celular y cuya llamada ha sido, efectivamente, una emergencia. Nunca.

Un par de restauranteros en la ciudad de Seattle saben eso y han prohibido la entrada al establecimiento a cualquiera que no apague su celular. Punto. Quien tenga prendido su celular, no come. Un compañero de trabajo, muy flaco, no podría ir a esos restaurantes. En el cinturón siempre trae colgados dos celulares: uno de la empresa y otro personal. Además, carga un *beeper* y una agenda electrónica (Palm VII). Él no sabe desconectarse. Al contrario, para él la tranquilidad es estar conectado y saber que cualquier persona importante en su vida —laboral o familiar— puede localizarlo en cualquier lugar del mundo.

Mi amigo no está solo en su adicción celular. En Estados Unidos, 100 de los 275 millones de habitan-

tes tienen un teléfono celular. Y en los países escandi-
navos una de cada dos personas, niños incluidos, cargan el aparatito.

Desde luego lo entiendo. *It's very convenient.*
Cuando mi hija de 14 años sale con sus amigas, lleva
un celular. Mi mamá, mi esposa y mi hermana cargan un
celular. Y cuando dejo a mi hijo de tres años en casa,
yo soy el que lleva un celular. Pero salvo en los casos
en que verdaderamente tengo que estar localizable,
traigo el celular apagado.

Y mucha gente no me entiende. "Te llamé al celular y no contestaste", me reclaman, como si fuera una obligación tenerlo encendido. En realidad, tengo una idea
muy egoísta del celular; el aparatito me debe servir a
mí y no yo a él.

Lo sé. Estoy en la minoría. Donde vivo se habla
por teléfono a todas horas. Es una adicción parecida a
la de la internet (aunque eso es como para otro libro).
Pero la del celular —o móvil como le dicen en España— tiene la agravante de poderse transportar en cuatro ruedas.

Hace poco leí un informe que comparaba a las
personas que hablan por teléfono mientras conducen
con aquellas que han tomado alcohol antes de manejar. En realidad no hay mucha diferencia. El celular
nos fuerza a tener por lo menos una de las manos lejos
del volante y la concentración se va a millas de distancia. Varios estados norteamericanos han intentado, sin
éxito, prohibir el conducir mientras se habla por el ce-

lular. Y en España el deporte urbano de moda es hablar por el móvil sin que te pille la policía; ahí sí es un delito. Legal o no, los accidentes provocados por conductores con celulares van en aumento.

Pero nada ha podido menguar esta moderna adicción, ni siquiera las lejanas sospechas —nunca confirmadas— de que la radiación de los celulares supuestamente pudiera estar vinculada a ciertos tipos de cáncer del cuello y la cabeza. Las empresas de telecomunicaciones dicen que no hay ningún riesgo, pero la prensa no ha quitado el dedo del dial. La revista *Newsweek* recientemente publicó un artículo al respecto con el incómodo titular: "¿Es su celular realmente seguro?"

Seguro o no, el número de usuarios continúa aumentando y la Organización Mundial de la Salud calcula que para el año 2005 habrá en el planeta 1 600 millones de personas que usarán un celular. Realmente no me puedo imaginar un mundo sin celulares; no sé cómo nos las arreglábamos sin ellos. Pero eso no ha cambiado mi filosofía celular; deben estar a nuestro servicio y no al revés.

De todo esto platicaba con mi hija Paola una suave noche en un pequeño restaurante italiano de Carolina del Norte donde no sonó ni un solo teléfono celular —¡ni uno!— en toda la cena. Y qué rico cenamos.

14. *E-miliando*

Escribo con un dedo adolorido. En concreto, apenas aguanto el índice de la mano derecha. Ése es el dedo que utilizo para apretar el *mouse* —¿cómo se dice en español?— de mi computadora, para leer la montaña de correos electrónicos que recibo. Debo mover ese índice miles de veces al día. Sólo un poquito. Milímetros. Pero esa simple acción repetitiva me tiene semiparalizada la mano derecha. El dedo está hinchado, casi no lo puedo doblar y las muñecas de ambas manos me queman como si las pusiera en el fuego.

Carpal tunnel syndrome (síndrome del tunel carpiano), me diagnosticó un amigo que escribe con las manos vendadas y que lleva años sufriendo al teclear en el computador. No sé. Ojalá no. Aunque lo que sí sé es que esto no me ocurría antes de descubrir el *e-mail.*

El correo electrónico o *e-mail* es, a la vez, desgracia y bendición. Gracias a la internet puedo mantener vivas y al día relaciones familiares y de trabajo que, de otra manera, se habrían secado hace mucho tiempo. Pero al mismo tiempo recibo tal cantidad de basu-

251

ra e información innecesaria que me paso, al menos, dos horas diarias limpiando los mensajes que debo contestar de los que, simplemente, hay que borrar.

E-mileo porque no me queda otra opción. Se ha convertido en una parte integral de mi trabajo y de mis contactos personales. Me levanto, prendo la computadora y checo mis correos electrónicos. Llego a la oficina y hago lo mismo. Unos pocos son vitales: respuestas a entrevistas solicitadas, confirmaciones de viajes, propuestas de reportajes, sugerencias del jefe, negocios pendientes… Pero la mayoría son un rollo. Desechables. Son *chismail*.

El *chismail* es una plaga. Es información que no necesito pero que, de todas maneras, me llega. Debo tener fama de serio y aburrido porque recibo innumerables chistes y bromas. Algunas más sofisticadas que otras; con gráficas, música y hasta efectos especiales. Están también los mensajes de esos buenos samaritanos que quieren ayudar a todo el mundo, desde organizaciones que luchan contra el sida hasta al perro de la esquina. Ante esos mensajes, discrimino con cuchillo. Y luego están los escribidores que me ponen, gratuitamente, en interminables listas. Ésos sí no los soporto.

No sé cómo le llegó mi dirección electrónica a una compañía que vende acciones por la internet y a otra que me quiere prestar dinero y a un grupito de centroamericanos que, estoy seguro, no dejarán de mandarme mensajes hasta que me convenzan de sus posiciones ideológicas y religiosas. A ellos nunca les contesto.

Por el contrario, he tratado (sin éxito) de bloquear sus mensajes. Mi compañía de internet dice que sí se puede hacer. Pero, en el fondo, sospecho que hay alguien por ahí prestando mi dirección electrónica a empresas de mercadotecnia.

El bombardeo del *e-mail* es constante. Además, hay siempre una percepción de urgencia o ansiedad vinculada a la internet. Con las cartas escritas a mano, uno se puede dar el lujo de leer y releer y pensar antes de contestar varios días o semanas después. Pero hay algo en la internet que exige rapidez.

No es extraño que alguien me llame por teléfono, medio molesto, preguntándome: "Oye, ¿no recibiste el *e-mail* que te mandé esta mañana?" A lo que dan ganas de contestar: "Tengo cosas más importantes que hacer". Pero no, las nuevas reglas *internetianas* de la etiqueta no permiten una respuesta así. Recibiste un *e-mail* y lo correcto es contestar lo antes posible.

Como todos los que usamos la internet, me he vuelto a bautizar. Ya no soy Jorge Ramos Ávalos. Ahora soy una serie de letras, números y puntos prácticamente irreconocibles para mi señora madre. Es más, me he cambiado el nombre electrónico varias veces y tengo dos o tres alias. Todo legal.

También he aprendido un nuevo lenguaje. Ése me lo enseñó mi hija, Paola, que como muchos jóvenes de su generación se comunica instantáneamente a través de una pantalla, mañana, tarde y madrugada. Por ejemplo, U significa *you* (tú), brb es *be right back* (regreso en seguida) y te ríes escribiendo lol (*laugh out loud*). Así, se está creando un nuevo lenguaje que ya le ha puesto los pelos de punta a los nunca bien ponderados miembros de la Real Academia de la Lengua Española.

Además, la internet es un medio que por su propia naturaleza tiende a integrar otros medios: la radio, la prensa escrita y la televisión son servicios que perfectamente se pueden recibir a través de un proveedor de servicios de internet. Y no falta mucho para que seamos nosotros mismos los programadores de la información que recibimos. No habrá que esperar, para poner un caso, al noticiero de las seis y media de la tarde o al de las 11 de la noche. Nosotros mismos podremos ver el noticiero a la hora que se nos pegue la gana, escoger el tipo de noticias que queramos (deportes, política, el clima, etc.) y diseñarlo al tiempo que tengamos disponible. La internet, en otras palabras, nos puede liberar de horarios fijos.

Pero la nueva tecnología no ha tocado a todos. La internet y el *e-mail*, no me queda la menor duda, es la nueva barrera generacional. Divide a los que tienen acceso a la *world wide web* (red mundial) de los que no lo tienen.

Y a algunos miembros de la nueva generación digital es fácil identificarlos: tienen el índice hinchado.

Brb

15. Navidades virtuales

Casi todos los regalos de la pasada navidad los compré a través de la internet. El extraordinario descubrimiento de que no tenía que ir a las tiendas sino sólo prender mi computadora, escoger el regalo, poner mi número de tarjeta de crédito (¡ay nanita!) y luego esperar plácidamente a que llegaran los paquetes por correo, me pareció lo más cercano a las cartas que le escribía de niño a Santa Claus.

Pero la comodidad de comprar, informarnos y estar conectados a través de una gigantesca red mundial de computadoras tiene su precio en pérdida de privacidad y en nuevas adicciones cibernéticas. Debido a la internet, estamos entrando en una especie de insomnio universal. Cualquier hora es buena para enviar y recibir mensajes electrónicos o *e-mail* y para *surfear* la internet. Vivimos en un mundo 24/7 que denota actividad 24 horas al día, siete días a la semana.

La nueva tecnología —la internet, los satélites, *beepers,* teléfonos móviles o celulares, las agendas electrónicas...— nos está convirtiendo a todos en esclavos. En estos días es prácticamente imposible estar desconectado. No hay nada peor —sugiere la nueva cultura cibernética— que vivir con la angustiosa incertidumbre de que algo importante puede pasar sin enterarnos. Por eso, hoy en día, la música de fondo de los restaurantes y otros lugares públicos la ponen las compañías de teléfonos móviles. Bueno, a veces es tan desesperante, que ya hay varios restaurantes que prohíben la entrada a personas que tengan sus teléfonos encendidos.

Hace poco fui a la fiesta de una amiga y me sentí desarmado. La mayoría de los invitados llevaban uno o dos teléfonos celulares —"uno para la oficina; el otro es personal", según me explicaron—. En el cinturón varios colgaban con orgullo su localizador o *beeper*. De preferencia que vibre; eso es más sensual que la gritona alarma: *bip, bip... bip, bip*. La idea es que mientras más ocupado pareces, más importante debes ser. Vivir estresado es, en otras palabras, un símbolo de prestigio.

Aún recuerdo con nostalgia la época en que me resistía a comprar un contestador automático para mi casa. Decía, ingenuamente, que quien me quisiera localizar, sabía cómo y dónde hacerlo. Hoy ya caí en la trampa. En casa tengo teléfono y fax con memoria, dos líneas telefónicas en el trabajo, dirección electrónica o *e-mail*, un *beeper*, una *laptop* para escribir cuando viajo, una computadora en mi cuarto y otra en la oficina que puede recibir señal de televisión por cable, una página en la internet (www.jorgeramos.com) y, desde luego, una contestadora automática.

Si por alguna razón me quisiera desconectar del mundo por unos días, me costaría mucho trabajo hacerlo. Es más fácil, lo reconozco, seguir la corriente. Si una montañista mexicana pudo comunicarse por teléfono satelital con su mamá cuando llegó a la cima del Everest, ¿qué podemos esperar el resto de los mortales?

La internet, me temo, es el invento mas insidioso de todos los que he mencionado. Sospecho que muy pronto tener acceso a la red mundial de computadoras será tan necesario como lo es ahora el teléfono. Nadie será alguien sin una dirección en la internet. El nombre propio se convertirá en algo secundario. Lo importante será cómo te llames en la internet. ¿Jorge? No importa. Lo importante es cómo localizarte en Hotmail.com, en aol.com (America Online) o en Univision.com. Está señal @ te indica dónde está tu nueva casa.

Estados Unidos, la superpotencia solitaria, como decía por ahí un gurú de la política internacional, lleva una buena delantera en esto de la internet. La mayoría de los servicios en la internet son en inglés, el más alto porcentaje de las compañías cibernéticas son norteamericanas y ningún país tiene tantos usuarios de computadoras como Estados Unidos.

Actualmente, más de 125 millones de personas tienen acceso a la internet en Estados Unidos, una cifra que aumenta diariamente, ya que bibliotecas y escuelas permiten que cada vez más norteamericanos puedan usar la *world wide web*. Es decir, una de cada dos personas en Estados Unidos *internetea*. En comparación, en México, de cada 100 personas, sólo tres tenían computadora o acceso a una en el año 2000. El número de usuarios regulares en México apenas pasaba del millón.

Pero México no es la excepción. América Latina, en general, está muy atrasada en asuntos cibernéticos. Según la empresa International Data Corporation, sólo siete millones de personas en toda la región tenían acceso a la internet en el 2000. Esta cifra, sin embargo, tenderá a duplicarse en dos o tres años.

Los estadounidenses se pasan, además, más tiempo *surfeando* en la internet que los habitantes de cualquier otra nación. De acuerdo con la compañía PricewaterhouseCoopers, los norteamericanos pasan más de cinco horas a la semana metidos en la internet, el doble que los franceses, alemanes e ingleses. Y por eso no es de extrañar que se gasten mucho más dinero en operaciones de compra a través de su computadora.

¿Cuánto? En 1999 los norteamericanos se gastaron 18 mil millones de dólares en transacciones cibernéticas (sin pagar, dicho sea de paso, un solo centavo en impuestos). Los latinoamericanos, en cambio, se gastaron únicamente 160 millones de dólares (de acuerdo con los cálculos de la Cámara de Comercio de Santiago). Los pronósticos, sin embargo, son que el comercio electrónico se multiplicará de manera geométrica en muy poco tiempo. Aquí y allá.

Desafortunadamente, las diferencias cibernéticas entre Estados Unidos y América Latina tienden a crecer. Es lógico: un estadounidense necesita ahorrar su salario de dos o tres semanas para comprarse una computadora; un latinoamericano requeriría ahorrar meses o hasta años para hacerse de una. Pero, sea como sea, cada vez es más difícil vivir aislado de las nuevas tecnologías. El que se quede atrás, pierde su pedazo del pastel.

Les cuento todo esto un poco sorprendido. Los que tuvimos una adolescencia sin computadoras y sin celulares y sin *beepers*, seguramente vemos pasmados el vertiginoso cambio que estamos experimentando. Es la globalización a lo bestia.

Jamás me imaginé poder comunicarme instantáneamente por correo electrónico (*e-miliano* o *chismail*, según le dice una amiga) con cualquier persona que tenga acceso a una computadora en cualquier parte del mundo. Y tampoco pensé que algún día me iba a librar de ir a las tiendas en diciembre. Para bien o para mal, ¡éstas fueron mis primeras navidades virtuales!

16. Libros electrónicos

Miami. Cada vez hay más probabilidades de que estés leyendo esto en una computadora y no en un pedazo de papel. Y no es que los libros, los periódicos y las revistas estén a punto de volverse obsoletos. Pero como van las cosas, aquellas editoriales y medios de comunicación que no se modernicen y desarrollen paralelamente un servicio informativo en la internet, acabarán como madero en chimenea.

La mayoría de los periódicos más importantes del mundo ya tienen una página en la internet. Y aunque todavía no saben cómo aprovecharla comercialmente al máximo, tampoco pueden correr el riesgo de quedarse atrás y ser aplastados por la competencia. Es decir, casi todos los medios de prensa escrita se han echado a correr con la nueva tecnología bajo el brazo, aun sin saber exactamente a dónde los va a llevar y si será redituable; es como subirse en un auto de carreras sin destino preciso. (Varios, sin duda, perecerán en la aventura.)

Y si bien éste no es un fenómeno nuevo en el mundo del periodismo, sí lo es en el universo de los libros.

Déjame comenzar con lo básico. ¿Has leído alguna vez un libro en una computadora? A decir verdad, la experiencia no suena muy apetecible. Estamos acostumbrados a la romántica noción de tomar un libro, de sobarlo sensualmente, de pasar, sin prisa, hoja por hoja. A final de cuentas, la solitaria experiencia de leer es tan satisfactoria por la forma en que lo hacemos como por lo que aprendemos. Pero esa experiencia está a punto de cambiar.

El tradicional concepto del libro —"conjunto de hojas de papel escritas o impresas", dice el diccionario Larousse— ya no se sostiene. En un futuro no muy lejano —dos años especula el diario *The New York Times*— hará explosión el fenómeno del libro electrónico en Estados Unidos. El resto del mundo seguirá sus digitales pasos. Así, el libro se definirá exclusivamente por ser información y contenido, independientemente de su forma.

El libro electrónico es una computadora portátil, cuyas dimensiones varían de acuerdo con la empresa que la produce, que proyecta el contenido e información de discos intercambiables o de la internet. Para cambiar de página basta con apretar un botón. El tamaño y color de las letras es ajustable. Son muy ligeras y algunas son tan manuables como un libro de bolsillo.

¿Es éste el fin de los libros de papel?

No por ahora. Pero la nueva tecnología del libro electrónico tampoco es un sueño virtual y amenaza con extenderse a cada casa de las naciones más desarrolladas.

A finales de mayo del 2000 la empresa Microsoft se unió a tres gigantes del mundo editorial —Times Warner, Simon & Schuster y Random House— para regalar la versión electrónica del bestseller de Michael Crichton, *Timeline* (Línea del tiempo).

Pero esta gente no es misionera de la orden de la madre Teresa de Calcuta. Son negociantes. El regalo, en realidad, era un gancho. Todos los que tenían un libro electrónico o acceso a una computadora —y en Estados Unidos ya hay más de 125 millones de usuarios— podían entrar a una dirección de la internet, bajar el contenido del libro de Crichton y leerlo cuando se les pegara la gana: en la cama, la sala, la cocina o el baño. Y la apuesta era que quien lo hiciera una vez, como el que come papitas, repetiría.

En caso que la alucinada ficción futurista del multimillonario escritor no fuera de tu agrado, junto a *Timeline* había otros 15 títulos disponibles. Pero con este bautizo cibernético surgía una nueva bronca: el *copyright*.

El asunto de derechos de autor es complejo, ya que cualquiera puede plagiar el contenido de un libro, ponerlo en la internet y sacarle provecho sin que el autor vea un centavo. Sin embargo, tanto Crichton como Stephen King —el escritor cuya novela electrónica *Riding the Bullet* (Cabalgando sobre la bala) fue solicitada en la internet por 400 mil personas en dos días durante marzo del 2000— engordaron sus ya considerables cuentas bancarias al participar voluntariamente en el experimento.

El libro electrónico será, pronto, el presente aunque muchos griten ¡horror! Lo que en estos días es una aventura cibernética puede convertirse en una nueva manera de leer y de vivir. Y así, en el mismo aparatito portátil donde lea mi novela favorita podré recibir *e-mail*, monitorear las acciones en la bolsa de valores de Hong Kong, revisar los resultados del torneo de futbol en México, saber cuáles son las últimas noticias de la Hillary y hacer una reservación en el restaurante Tabla de Nueva York.

Además, el libro electrónico tiene una ventaja: puedes leer todo lo que quieras sin andar cargando como burro. De mi último viaje a la ciudad de México traje más de tres kilos de libros en la maleta, libros que no encuentro en Estados Unidos. ¡Tan fácil que hubiera sido poner toda esa información en una computadora de bolsillo!

Todavía no se puede llevar tu biblioteca personal en una computadora, pero sospecho que cuando a mi hijo Nicolás —que apenas cumple tres años— le toque leer a Borges, Paz, Vargas Llosa, Fuentes y García Márquez, lo hará en un libro electrónico. No en uno de papel.

17. Los hoyos de la globalización

En estos días, la globalización es como una piñata; le pegan por todos lados y las críticas caen como caramelos. Pero si la globalización es como una piñata, entonces es de las hechas con puro cartón, de las que resisten valientemente los golpes y que —contrario a lo que pasa con las que tienen centro de barro— casi nunca se rompen. En otras palabras, mientras más se critica al fenómeno de la globalización, más nos damos cuenta de su fortaleza. Uno de los comentarios más atinados sobre la globalización se lo escuché al presidente del gobierno español, José María Aznar. Decía que lo importante no es calificar a la globalización como buena o mala, sino entender que nos tenemos que adaptar a ella para sacarle el máximo provecho. El ex presidente norteamericano, Bill Clinton, siempre estuvo chiflando la misma canción. En un viaje a Florencia mencionó lo que parecía el mantra del vendedor más grande del mundo. "Si le damos acceso a la gente a las nuevas tecnologías", dijo Clinton, "va a haber mucha gente inteligente que va a encontrar la manera de ganar mucho dinero". La globalización o la internacionalización del comercio es un sistema lleno de imperfecciones... pero por ahora es el único que hay. Si un país cierra sus fronteras o pretende vivir sin tomar en cuenta las nuevas reglas del juego, sería como cometer un suicidio económico. Así que la actitud de la mayoría de las naciones —incluyendo las socialistas como Cuba y China— ha sido la siguiente: se amarraron el cinturón, echaron *p'alante*, para luego ver cómo pueden protegerse de las inequidades del sistema. En la globalización gana el que produce más barato que el vecino y el que sepa dónde y cómo colocar sus productos. La misma naturaleza de la globalización —nos dicen los teóricos y los economistas— obliga a que los empleos, las ganancias e inversiones vayan a los países que pueden producir con mayor eficiencia y control de costos. Por ejemplo —y perdonen las simplificaciones—, pero si puedo comprar unos zapatos brasileños, muy bien hechos, ¿por qué voy a querer comprar unos suizos o italianos al doble de precio? Así, si los aguacates de Michoacán son los mejores que hay (en sabor y consistencia), ¿por qué pagar más por aguacates de Florida o California? De la misma manera, si los autos alemanes y japoneses son de mejor calidad, ¿para qué comprar suecos o norcoreanos? Y si las computadoras norteamericanas son las más baratas y bien construidas que existen, ¿para qué importar ordenadores del otro lado del Pacífico? Hay mil ejemplos. Desde luego, el capital es movible y el billete se va hacia los países productores. Por esto, la globalización o internacionalización del comercio ha creado sociedades especializadas en ciertas áreas y muy debilitadas en otras. La idea es que las naciones identifiquen sus ventajas competitivas e inviertan en ellas, mientras van desmantelando las industrias que no son costeables. En blanco y negro, las cosas no suenan tan mal. Pero las desventajas de la globalización se miden en carne y hueso. La internacionalización del comercio ha dejado a millones de personas en las filas del desempleo. Y en muchos países las sumas y las restas no salen. Es decir, le entraron de frente al juego de la globalización y perdieron: ahora tienen más pobres que antes. (Basta mencionar el patético caso de Rusia y sus fracasados intentos de adaptarse al capitalismo.)

La globalización, no hay duda, tiene sus indiscutibles ventajas. Pero también es legítimo y necesario denunciar la internacionalización cuando deja a millones de desempleados, cuando acaba con industrias completas, cuando empobrece, cuando pone a niños a trabajar y cuando afecta negativamente el medio ambiente.

Por lo anterior, muchos países le han puesto un freno a su carrera globalizadora. Y antes de seguir abriendo sus fronteras a cualquier producto, están analizando cómo proteger a los trabajadores que pudieran perder sus empleos por la competencia del exterior. Sí, el talón de Aquiles de la globalización es el desempleo.

Pero en las resistencias a la globalización tampoco nos podemos pasar. Ni muy muy ni tan tan. Los políticos latinoamericanos —que tienen el olfato bien desarrollado— han captado rápidamente el desencanto de los votantes con la globalización y desde Chile hasta México están basando sus candidaturas y propuestas en ataques populistas al neoliberalismo y al capitalismo salvaje. Y sí, van a conseguir votos, como lo hizo Hugo Chávez en Venezuela. Pero a la hora de la hora, cuando tengan que gobernar, no podrán hacerlo aislados y con una economía cerrada al mundo. Sería algo así como tener hambre y darle la espalda al refrigerador.

La globalización, no hay duda, tiene sus hoyos y le da duras mordidas al tradicional concepto de soberanía. Y por eso, la actitud más saludable respecto a la internacionalización de la economía mundial parece ser la del malabarista. Hay que balancear la apertura económica con la protección al trabajador, la creación de nuevas industrias con el cuidado al medio ambiente y las inevitables pérdidas de empleos con entrenamiento y capacitación.

Aznar tenía razón. Nada ganamos con echarle la culpa de todos los problemas de la humanidad a la globalización. Hay que hacerse plastilina y adaptarse. Si hubiera otra cosa, bueno... pero como dicen los norteamericanos, por ahora, *it's the only game in town.*

18. Himnos, banderas y fronteras

San Juan, Puerto Rico. Lo que está pasando en Puerto Rico —el orgullo de lo propio, la búsqueda de soluciones puertorriqueñas a problemas puertorriqueños, el reforzamiento de la identidad nacional— es sólo el síntoma de un fenómeno mundial.

Cada país lo vive de maneras distintas, pero en muchos lados se está viviendo un renacimiento nacionalista y un enfrentamiento con Estados Unidos; se está resaltando el orgullo de la propia cultura y defendiendo lo nuestro frente a lo que viene de fuera. Como un rechazo a la globalización, a la homogenización de las culturas y a la omnipresencia de Estados Unidos, estamos viendo el resurgimiento de la importancia de las banderas, los himnos y las fronteras. "A pesar de todo, somos distintos", es el nuevo grito de guerra.

Puerto Rico ha centrado su lucha respecto a la isla de Vieques, pero los ejemplos de esta reafirmación nacionalista y búsqueda de identidad no faltan. El canal de Panamá ya es de Panamá; no de Estados Unidos. En la ciudad de México, a principios del 2000, hubo una de las protestas más grandes que recuerde frente a la embajada estadounidense. En Seattle, la reunión de la Organización Mundial de Comercio fue prácticamente boicoteada por sindicalistas, anarquistas y opositores al libre comercio. En Colombia, hay temor de que la multimillonaria ayuda de Estados Unidos (para luchar contra *narcos* y rebeldes) le amarre las manos al presidente Andrés Pastrana. Y en Venezuela, el mandatario Hugo Chávez no permitió la entrada al país de 450 soldados norteamericanos que iban a ayudar en las labores de reconstrucción tras las inundaciones de finales del 99.

Son todas señales de protesta y de reafirmación ante el actual orden mundial.

Pero el ejemplo más significativo (del nuevo nacionalismo y de su consecuente antiamericanismo) es el del campesino francés José Bové, quien se convirtió en una especie de Quijote moderno cuando en 1999 destruyó con su tractor el techo de uno de los 25 mil restaurantes que tiene la empresa multinacional McDonald's en el mundo. Curiosamente, el antiamericanismo del agricultor Bové encontró un fuerte eco en el pueblo francés que ha visto en la globalización el peligro de perder parte de su cultura y en Estados Unidos al verdugo cibernético.

Algunos temían (quizá simplista, ingenuamente) que la Coca-Cola y la Pepsi reemplazaran al vino tinto y al *champagne*, las hamburguesas y las pizzas a sus crepas y filetes *mignon* y Hollywood al cine de arte europeo. El asunto es, desde luego, más complicado.

El canciller francés, Hubert Védrine, dijo entonces a la prensa: "No podemos aceptar un mundo unipolar, ni una cultura mundial uniforme, ni el unilateralismo de un solo hiperpoder". Pero la realidad —desafortunadamente, *monsieur* Védrine— es otra. Estados Unidos sí es la única superpotencia económica y militar que existe. Y su influencia cultural es indiscutible, desde la internet y la *fast food* hasta el idioma en que se comunican los pilotos de avión y la moneda en que se pagan las deudas internacionales.

El mundo no se ha convertido en el "planeta americano", como sugería un periodista español, pero no cabe la menor duda que el final del siglo XX fue caracterizado por lo norteamericano. Y la idea de Estados Unidos como un elefante comercial y militar que pisotea e impone su peso en distintos mercados y naciones es la que más incomoda en estos momentos.

"Mientras más trate Estados Unidos de manejar al mundo, más va a alejar a sus amigos y a unir a sus enemigos", escribió el profesor de Harvard, Samuel Huntington, en la revista *Foreign Affairs*. "La única superpotencia del mundo es automáticamente una amenaza para otros poderes importantes."

Frente a este panorama, hay muchas banderas que se están mojando de patriotismo, los himnos son gritados al cielo y nuevas fronteras se están erigiendo.

Esto quizás obstaculice el dominio norteamericano y la corriente globalizadora... por un ratito. Pero la dirección en que corre el mundo está marcada. Y, en estos días, quien nade a contracorriente corre el riesgo de ahogarse en el intento.

19. Un verano con Paola

Miami. Creo que este verano (1999), tanto mi hija Paola, de 12 años de edad, como yo —un padre cuarentón que aún se rehúsa a dejar de jugar futbol los fines de semana— hemos aprendido mucho: ella de los adultos, yo de los adolescentes. Así que llegamos a un acuerdo; cada uno iba a escribir sobre el otro. Y aquí está.

La idea nació cuando mi hija me preguntó: "Papá, ¿alguna vez has ido a una discoteca?" Era obvio que ella me percibía de otra época —"de otra modernidad", como dice ella— igual como yo veía a mi padre cuando tenía su edad. La distancia estaba ahí.

Al subirnos al auto empecé a perder la batalla por la radio. Me reemplazaron a Sting, Serrat y Pancho Céspedes por Backstreet Boy, N'sync y Jennifer López. Ella escoge las películas que vemos —*The Blair Witch Project* fue una que recuerdo claramente— y ahora hay cosas de las que Paola preferiría no hablar, como drogas, chicos y sexo. Mi plan de ser padre, amigo, confidente y compañero de aventuras comenzó a fracturarse.

Algunos de mis amigos piensan que ella aún es muy joven para que sepa sobre condones y relaciones sexuales, pero si no lo hacemos yo o su madre, lo harán sus amigas. Prefiero pecar de exagerado (y de pesado). Cuando era joven, la única plática de educación sexual que recibí de mi padre duró cuatro minutos o menos, es decir, el trayecto entre nuestra casa y un centro comercial en México. Me dijo algo así como: "Si alguna vez tienes ganas de estar con una mujer, avísame y yo te ayudo". No me acuerdo de nada más. Con Paola, ya pasamos de los cuatro minutos y mantenemos, aún, viva la conversación.

Drogas es otro de los temas difíciles. Este verano Paola me preguntó si yo había fumado cigarros de adolescente y le tuve que decir que sí; fue sólo una vez y casi me ahogo al tragar todo el humo del tabaco. Pero lo que más le sorprendió a ella es que nunca le hubiera contado eso a mi mamá. (Perdón, Jechu, ahora ya lo sabes.)

Desde luego, más que los cigarrillos, me preocupan las drogas. No quiero que sea una de los 6 488 niños en Estados Unidos que cada día prueban mariguana por primera vez o de los 1 786 menores de edad que diariamente se inauguran con la cocaína. Y la única forma de tratar de evitar ese riesgo es hablarlo, directamente, pero sin que sienta que le estoy dando un discurso o que dudo de ella.

Este verano escuché, mucho. Por ejemplo, aprendí de los "anarcas" —jóvenes españoles a quienes "no les gusta tener jefe" y que se visten siempre de negro—, de Leonardo di Caprio, de cómo el *e-mail* y el teléfono a veces reemplazan a los padres, de las inseguridades que surgen por tener cuerpo de mujer y mente de adolescente, de los besos furtivos que se dan los estudiantes en los pasillos de las escuelas cuando los maestros no están viendo... de lo ingenuo e infantil que yo era cuando tenía 12 años.

Una tarde Paola me preguntó si no me "aburría de hacer siempre lo mismo". En general yo creía que, como periodista, tenía uno de los trabajos más interesantes del mundo y con ese comentario mi hija me obligó a repensar mis rutinas y mis planes. Y una noche —cuando ella estaba llena de energía y yo sólo pensaba en la cama— me dijo: "Me parece que eres adicto a dormirte temprano". Ella, vampiro profesional, considera una debilidad personal dormirse antes de la una de la mañana.

Cuando veo los éxitos de Paola —que pasó de maravilla sus cursos, que la seleccionaron en el equipo de basquetbol, que cuida de sus hermanos como la mejor, que es una buena persona...— me inflo de orgullo como cualquier padre. La adoro, es cierto. Pero hay algo más. Me parece que está aprendiendo a vivir la vida mejor que yo; la siento más libre, vibra con una intensidad inusitada y tiene menos miedos que su padre y su abuelo paterno. Creo que va por buen camino... sólo me preocupa quedarme atrás.

Un verano con Papá

Yo voy notando poco a poco que voy cambiando. No era como antes, toda mi vida estaba controlada por mis padres. En este verano he conocido a fondo a mi Papá: el tipo de música que le gusta, su adolescencia, sus escapadas de casa...

Serrat, Pancho Céspedes y Sting es el tipo de música que a mi Papá le gusta. No sé si puedo decir que esa música está pasada de moda porque ésa es una de las diferencias que tenemos yo y mi padre. Como él ha mencionado en su artículo, yo soy la que domino la radio del coche. Ya es hora que mi padre vea lo que está de moda y lo que no. Me imagino que ya habrá aprendido la lección. No estoy diciendo que mi Papá no sea moderno; una de las cosas que se le da genial a mi padre es bailar en el coche. Cuando estoy triste o enfadada me hace reír con sus movimientos raros que hace bailando.

"Buenas noches vampirito", dice mi Papá a las 10:00 de la noche. ¿Pero qué es esto?, me pregunto; por qué tan pronto. A partir de las 10:00 es cuando el aburrimiento me posee. Imagínense estar sola en la planta de abajo con ningún ruido, sólo yo viendo la tele; hay veces que me aburro tanto que empiezo a mirar al techo. Me aburro muchísimo por la noche. Cómo me gustaría que mi Papá fuese vampiro como yo. Debo admitir que ayer por primera vez mi Papá se quedó viendo la tele conmigo hasta las 11:35. Podía ver el esfuerzo que hacía por quedarse despierto viendo un programa que a mí me gustaba: *The Wonder Years*. Te felicito por tu esfuerzo Papi.

Con mi Papá no se puede estar bromeando con los deportes, porque te gana sin ningún problema. A mí me encanta el basquetbol y soy una muy buena jugadora y estoy en un equipo femenino de basquet que representa a Madrid y a España. Pero aunque sea yo todo esto mi Papá me gana, no por mucho, pero él es el Michael Jordan y yo estoy en camino para serlo. Tenis, futbol y ping-pong son también los deportes en que me gana, pero la velocidad de 100 o 200 metros me encanta, tanto que este verano he conseguido empatar con él. *WOW*.

Los adultos son simplemente aquellos que han formado una vida, una vida que no cambiará nunca, que tendrán siempre el mismo horario. Los adultos son todos ellos que no paran de mandar a los niños a que se porten bien, que no hagan esto o eso… y si algún joven hace algo mal, lo primero que hacen los adultos es regañar en vez de pensar en su juventud y decir "yo también hice eso, mejor no la regaño".

Nosotros los jóvenes siempre intentamos pasárnoslo bien, intentar sacar unas buenas notas, porque si no ya sabemos lo que nos espera. Estamos en el teléfono la mayor parte del tiempo, pero siempre hay una voz que te interrumpe diciendo "basta de llamadas" o "despertarás a tu hermano".

Antes de terminar este artículo le quiero decir a mi Papá que es un fabuloso padre y que no se está quedando atrás.

Te quiero, papá.

PAOLA RAMOS

20. Lagartijas urbanas

Nueva York. Parecían lagartijas tomando el sol. Estaban echadotes sobre unas cómodas sillas blancas; somnolientos, inmóviles, con la cara al cielo. Los más atrevidos se habían quitado la camisa, mostrando sus protuberantes panzas blancas. Como si se tratara de una verdadera inversión, alimentada durante años a base de cerveza y jamón, una docena de barrigas disfrutaban los movimientos circulares de las manos de sus dueños.

Las mujeres no se quedaban muy atrás. Se abrían las blusas y se arremangaban hasta los hombros para mostrar toda la piel que permite la ley sin acabar en la cárcel. Como en un ritual, recogían su pelo, despejaban la frente y se entregaban ansiosas al dios del sol, hermano del dios melanoma.

Los menos seguros de sus torsos se quitaban los zapatos. Los pies, sin duda, son el espejo del alma. Y me tocó ver algunas almas en pena; uñas largas, sucias y sin cortar en unos pies descuidados y llenos de callos. Pero también, para ser justos, observé algunas extremidades saliditas del pedicurista, con el arco iris atrapado en la cutícula. No hay nada como unos pies masajeados y relajados. Y si no pregúntele a los que pagan hasta 100 dólares por una sesión de 50 minutos de reflexología.

Todo esto, y mucho más, lo vi en un parque de Nueva York.

Nueva York está lleno de personas estresadas y estresantes cuya verdadera ambición en la vida es tostarse bajo el sol. En otras palabras, ésta —una de las metrópolis más activas del mundo— tiene una plaga de lagartijas urbanas.

El *broker* quiere tostarse bajo el sol. El banquero quiere tostarse bajo el sol. La publicista quiere tostarse bajo el sol. La periodista quiere tostarse bajo el sol. Pero cuando no se pueden tomar vacaciones o retirarse a un monasterio, se van al parque Bryant. Así calman sus impulsos lagartijeños.

El parque Bryant es una especie de oasis en medio de la urbe de cemento y cristal. Me lo encontré, sin querer, entre la sexta avenida (Avenue of the Americas) y la calle 42 del oeste. Para más referencias, está a un lado de la Biblioteca Pública de Nueva York y frente al extraordinario y aerodinámico edificio Grace. Les dejo la dirección por si se dan una vuelta por ahí. Vale la pena. El parquecito es como bajarse a descansar después de haberle dado varias vueltas a la Tierra en un cohete espacial.

Esta alfombra verde aparece totalmente fuera de lugar en una ciudad cuyos habitantes —parecería—

no saben parar. Pero algunos sí lo hacen. En un intento de detener su revolucionado y revoltoso mundo, cientos de neoyorquinos (y alguno que otro turista perdido como yo) saltan del taxi, el autobús, el metro o la banqueta para buscar el nirvana. Y para los neoyorquinos el nirvana es, muchas veces, unos minutos lejos de la oficina o la casa; su nirvana es no hacer nada. Nada.

Vi mucha gente sola, aunque eso ya no debería extrañarnos tanto en un país como Estados Unidos. La última encuesta que leí indica que 60 de cada 100 matrimonios fracasan. Es decir, Estados Unidos se está convirtiendo en una nación de individuos que no saben relacionarse en pareja. Los norteamericanos saben hacer excelentes computadoras, juegan muy bien al basquetbol y su mercado de acciones es una joyita. Pero no saben convivir en pareja. Como comparación, basta decir que sólo una o dos de cada 100 parejas de japoneses terminan en divorcio.

Pero no quiero hablar de divorcios sino de parques y de pausas. Los parques nos permiten meterle el freno a nuestras ajetreadas agendas, al Palm VII, al *e-mail* y a la internet; ponen la vida *on hold* (en espera) y nos regalan un poquito de silencio. Y la verde pausa que encontré en el parque Bryant de Manhattan me permitió saltar en dos parpadeos de la memoria a Bali en Indonesia.

Bali no es nada más una maravillosa isla donde se teje el cielo, el mar y la tierra, sino que es el único lugar del mundo donde tienen un día dedicado al silencio y a la paz. Le llaman *Nyepi*. Después de una noche de fiesta, sacrificios y destrampe, el día del *Nyepi* (o día del silencio) se vacían las calles, restaurantes, oficinas y lugares públicos. La idea detrás del *Nyepi* es hacerle creer a los espíritus malos que la isla está desierta para que se vayan de ahí. Es, en otras palabras, una limpia colectiva.

Bueno, quizá la comparación está medio jalada de los pelos, pero el parque Bryant es para los neoyorquinos lo que es el *Nyepi* para los balineses; o sea, un reposo, un intento de balancear su existencia, de compensar las carencias.

Cada quien busca la paz como puede.

El parque Bryant es uno de los secretos mejor guardados de Nueva York. Ahí los neoyorquinos van a buscar un pedacito de paz. No es la paz total como la de los balineses. Pero es la única paz a la que pueden aspirar quienes han decidido vivir como lagartijas urbanas.

21. Los lujos del siglo 21

Parrot Cay, Islas de Turks & Caicos. Debo sonar como el típico aguafiestas, pero para el siglo 21, en lugar de barullo y gritos y festejos quiero, de vez en cuando, ratitos de silencio. El silencio absoluto no existe, por supuesto. Pero no pido mucho. Sólo unos minutos sin ruido de máquinas, de ciudad, de gente.

Así, con estas intenciones tan antisociales, caí en una isla deshabitada del Mar Caribe, localizada entre las Bahamas y República Dominicana. Nadie vive aquí. Bueno, sólo los empleados y huéspedes de un hotel que mandó construir en 1999 un excéntrico hombre de negocios de Malasia.

Parrot Cay es una de las varias islas que conforman la colonia británica de Turks & Caicos. Durante cuatro siglos han pasado por manos de muchos conquistadores y decidieron quedarse con las blancas extremidades de los ingleses en 1962. Ese mismo año Jamaica prefirió independizarse. Pero, la verdad, no vine a estas islas por su historia —aquí insisten que éstas fueron las primeras tierras que tocó Cristóbal

Colón en América— sino por la soledad que prometían.

Cuando llegué, ya de noche, amenazaba con llover y hacía un inusual frío para estas latitudes. Sentí, de pronto, que mi deseo de un ratito de silencio se iba a congelar. Sin embargo, quien alguna vez ha estado en el Caribe sabe que aquí nada —incluyendo el clima— es estable. Para mi suerte, al día siguiente amaneció con un sol que achicharraba.

Tomé la usual caminata a lo largo de la costa, aunque siempre, a lo lejos, podía ver a alguien haciendo lo mismo que yo. Y, además, ahí estaba como referencia el techo rojo de dos aguas del hotel. Chin. El lugar era precioso, pero el silencio aún se me escapaba.

Al tercer día, cuando pensé que alejarse del ruido era una misión imposible, pedí prestada una bicicleta y pregunté cómo llegar al extremo de la isla. Me apuntaron casi al cielo, para luego decir: "Queda a unas cuatro millas de aquí". La verdad, no tenía nada que perder, más que tiempo. El dolor de piernas y de nalgas, después del trayecto, estaba garantizado. (¿Cuándo empezarán a hacer asientos más cómodos para las bicicletas?)

Estaba atardeciendo. El camino de terracería no anunciaba muchas sorpresas.

Verde por los lados, azul por arriba, café arenoso por abajo. Empecé a cruzar la isla, por el centro, suficientemente lejos del mar. No se oía el tronar de las olas. Un par de pajarracos negros cruzaban mi camino de vez en cuando.

A la media hora de pedalear y de luchar contra los montecitos de arena acumulada por el viento, empezaron a brotar de mi mente los recuerdos de varias noticias amarillistas y películas de tercera. ¿Y qué tal si de pronto se me aparece un grupo de fulanos a robarme? ¿Usarán los *narcos* estos lejanos parajes como trampolín de su blanca mercancía? O mejor todavía: si me encuentro a una pareja haciendo el amor ¿qué les digo?, ¿qué hago?

Cuando la bici resbalaba, se escuchaba un *shhhhhhh*, como exigiendo un alto a tantas tonterías que estaba lucubrando. Y funcionó. Me desconecté.

De pronto, se apareció el silencio.

Me bajé de la bicicleta. No había ruido de máquinas ni de ciudad ni de gente. El viento apenas soplaba y el mar estaba demasiado lejos para hacerse oír.

Fue un verdadero placer; casi una hora de silencio.

Ahora sé que voy a sonar como vendedor de autos usados, pero lo importante fue el trayecto, no el destino. Cuando terminó el embrujo del silencio, monté la bici y seguí hasta el final de la isla. No faltaba mucho. Y al llegar me encontré, no el paraíso, sino... un basurero.

Bueno, no todo es perfecto. Pero, sin duda, lo mejor de este viaje ha sido mi reencuentro con el silencio. El silencio será sin duda uno de los lujos del siglo 21. Pero hay más.

El periodista español Vicente Verdú escribió recientemente que uno de los lujos del nuevo siglo será "cada vez más, el tiempo. Por ejemplo, poder observar las flores o las plantas, o el movimiento de un niño sin la ansiedad de un reloj". Y luego, a su lista de lujos, añadió el "disfrutar de un amor excepcional". Para él, el tiempo libre y la posibilidad de un verdadero romance "son los auténticos lujos del siglo 21, en la medida que son infrecuentes, improbables y estadísticamente marginales". Además, éstos son lujos que el dinero puede acercar mas no garantizar.

No puedo estar más de acuerdo con Verdú. Falta tiempo; a veces siento que necesitamos días de 36 horas para hacer cosas que realmente no queremos hacer. Y encontrar un alma gemela, en el momento correcto, es casi un imposible.

Pero sólo le sumaría una cosa a la reflexión del señor Verdú. Al tiempo y al romance, yo le añadiría el silencio a los lujos del nuevo siglo. Hay que hacer un mar de peripecias para atraparlo por unos minutos, para luego, como agua, verlo escurrir entre los dedos de tus manos.

22. Decálogo periodístico

1) Nunca te dejes censurar. Nunca. No importa lo que pase, nuestra labor como periodistas es informar sin aceptar la censura. El periodista que se deja censurar pierde su credibilidad, su autoestima y se convierte en un sirviente de los que tienen el poder. En otras palabras, quien acepta la censura deja de ser periodista. Siempre es preferible renunciar a aceptar que te censuren. Siempre. Así, al menos, preservas tu integridad moral y tu carrera. Y nunca faltará quien quiera contratar a un periodista honesto.

2) No abuses de las encuestas ni de las proyecciones estadísticas. Nuestro trabajo como periodistas es reportar lo que vemos, informar lo que sabemos, entrevistar a los que importan y analizar para que se entienda. No pronosticar ni adivinar. Cada vez que nos basamos en encuestas y no en datos, corremos el riesgo de quemarnos. Acuérdate de las

elecciones en Nicaragua en 1990. Acuérdate de Estados Unidos en el 2000.

3) Realiza tus entrevistas como si nunca más volvieras a ver al entrevistado, particularmente cuando se trate de presidentes y líderes mundiales. No hay nada más triste que hacer una entrevista suave con la esperanza de mantener un contacto. Prepárate. Investiga. Trata de saber más que el entrevistado antes de la entrevista. Y durante la entrevista, escucha. No sigas siempre tu lista de preguntas y por favor, al final, nunca concluyas diciendo: "¿Y quiere usted agregar algo?" Eso, generalmente, delata una mala entrevista y a un mal entrevistador.

4) No seas un cargamicrófonos. Haz preguntas que incomoden, que muevan, que saquen a relucir la realidad y el verdadero color del entrevistado. Nuestra labor es cuestionar, poner contra la pared a los poderosos, encontrar sus contradicciones y debilidades; detectar sus mentiras y denunciarlas. Nuestra arma es la pregunta; no la desperdicies. Los periodistas somos el balance del poder. La actitud del entrevistador debe ser la siguiente: "Si yo no hago esta pregunta nadie más la va a hacer".

5) No aceptes que nadie pague por tus comidas y viajes, ni aceptes regalos de tus fuentes. Eso te mantiene independiente y, frente a sus ojos, apareces

incorruptible. El periodista que recibe un favor está condenado a pagarlo con creces. No nada más hay que evitar los conflictos de intereses sino también dar una imagen a prueba de conflictos éticos y económicos. Es preferible aparecer como el enemigo que como amigo. Después de todo, tu compromiso es con la gente y con tu profesión. No con quienes detentan el poder.

6) La suerte no existe en el periodismo. En todo caso, lo que muchos llaman suerte es la combinación de estar preparado cuando surge una oportunidad. Quienes consiguen las exclusivas, las entrevistas más difíciles y realizan las investigaciones de impacto son los que hicieron una llamada más que el otro, quienes esperaron una hora más, quienes no se dieron por vencidos. En los medios de comunicación no trabajan necesariamente los más inteligentes, pero sí algunas de las personas más persistentes que he conocido en mi vida.

7) Escucha y abre los ojos. Reporta lo que veas y lo que escuches. Conviértete en tu mejor fuente. Ve a los lugares donde se hace la historia. Habla con aquellos que la cambian. Cuando tú no lo veas ni lo escuches, busca confirmar y reconfirmar. Y antes de publicar o salir al aire, vuelve a confirmar. Recuerda que es tu palabra la que está en juego. Si te equivocas, corrige inmediata y públicamente.

Una disculpa tras un error no ha acabado con ninguna carrera; una mentira encubierta, sí.

8) Eres la voz de los que no la tienen. Los periodistas impulsamos la democracia cuando hacemos bien nuestro trabajo, cuando cuestionamos al corrupto, cuando denunciamos al que abusa, cuando investigamos al político que promete y no cumple, cuando controlamos nuestro miedo en el peligro, cuando preguntamos. No hay pregunta tonta. Pregunta y repregunta. Hasta los entrevistados con más experiencia se doblan a la segunda o tercera repregunta.

9) Todos tenemos un punto de vista. Déjale saber al lector/televidente/radioescucha dónde estás parado. Si eres reportero o conductor de televisión, sé imparcial; no des tu opinión. Pero si escribes una columna o haces un comentario editorial, no dejes de dar tu opinión. Todo se vale, menos mentir. La objetividad no existe. La justicia periodística sí; dale a cada quien lo que le corresponde. No es lo mismo entrevistar a un dictador que a una víctima de su dictadura. Con uno puedes ser duro e implacable; con el otro comprensivo y emotivo.

10) Lo único que tenemos los periodistas es la credibilidad. De nada sirve la fama y el dinero en el periodismo si cuando abres la boca o escribes na-

die te cree. Hay, desafortunadamente, muchos ejemplos de periodistas con fama y dinero, pero sin credibilidad. Nadie se acordará de ellos. La mayor recompensa del periodista es que le crean.

Contacto en internet

Para saber más sobre el autor, sus libros y establecer contacto con él, entre a su página de internet

www.jorgeramos.com

A la caza del león, de Jorge Ramos
se terminó de imprimir en octubre de 2003 en
Litográfica Ingramex, S.A. de C.V.
Centeno 162-1, Col. Granjas Esmeralda
México, D.F.